JN319739

中公新書 2152

村田奈々子著

物語 近現代ギリシャの歴史

独立戦争からユーロ危機まで

中央公論新社刊

はじめに

「希臘《ギリシャ》は私の眷恋《けんれん》の地である」とは、作家・三島由紀夫の言葉である。一九五一年末から五二年の五月にかけて、彼がはじめて試みた海外旅行の紀行が『アポロの杯』と題されていることからもわかるように、北米、南米、欧州の国々をまわったこの旅行で、彼がもっとも強い感激をあらわしている国がギリシャである。三島を虜にしたのは、もちろん古代ギリシャが生み出した文化であった。憧れの地に自分の足で立ち、古代ギリシャに思いを馳せる三島は、古代の遺跡やさまざまな美術品に対し、称賛の言葉を惜しまない。

だが、三島が目にしたのは「古代」ばかりではない。その描写のところどころに、一九五二年当時のギリシャが顔を出す。彼は神託で名高いデルフィの神殿にバスで向かう。その途中で、彼は二人のギリシャ人の子どもに出会う。

かれらは二人とも十二歳で、快活で、利巧そうで、日本の子どものように学校がきらいではない。イムペリアル・ミッション・スクールへ通っており、バスケット・ボールが好きで「古橋」の名を知っている。かれらは私の案内書の略図に、山と河の名を書き入れてくれた。同じ年頃の私には、日本地図に利根川の気儘《きまま》な曲線を書き入れることは、到底できない芸当であった。バスの出発の合図があったので、かれらはバスのほうへかけ出した。私がおくれて行くと、一人がふりかえって、「Run, please!」と叫んだ。何という奇妙な、可愛らしい英語であろう!

そのバスのエンジンが故障してしまう。バスが再び動き出すまでの待ち時間に見た田舎の風景を、彼はこう描く。

泉のかたわらには十字を戴《いただ》いた小祠《しょうし》がある。それはちょうど小鳥の巣箱のような形をしていて、沿道のいたるところにある。黒衣に黒い布を頭に巻いた水はこびの女が、大きな罐《かん》に入れた水を、驢馬《ろば》の背にのせてこれを引いてゆく。驢馬の首の鈴がのどかに鳴る。

このような田舎の風景とは対照的な、首都アテネについての観察もある。

アテネの町は、行人の数も商品も数多いのに、日本の縁日のような物寂しさがどこかしらにひそんでいる。夜の街衢《がいく》のありさまはブラジルの都会に似て、路上で立話をしている人が沢山おり、それを縫って歩くことが容易でない。（中略）
夕刻の交通の劇《はげ》しい車道を、両手にグラスや罎《びん》をいっぱい積んだ銀の盆を捧げた給仕が、自動車やバスの間を縫って、物馴れた様子で横切ってゆくのは、奇妙な面白い眺めである。

このような、三島が旅行した当時のギリシャの描写は非常に興味深い。一九五二年当時のギリシャといえば、第二次世界大戦中から続いていた共産主義陣営と反共産主義陣営とのあいだの激しい内戦が終結して、わずか三年しかたっていない。「トルーマン・ドクトリン」によって、自由主義陣営の砦《とりで》と位置づけられたギリシャは、アメリカからの経済的支援と政治的影響のもとに、戦後復興にむけて第一歩を踏み出したばかりだった。

約一〇年にわたる戦争で荒廃した国土。イデオロギーの違いから、文字通り「兄弟殺し」を経験し、疲弊しきったギリシャ人たち。それでも、三島の描写からは、ギリシャに住む人々が、戦争の混乱からともかくも脱しつつあったことがうかがわれる。田舎は平穏な日常生活を取り戻し、都会の通りでは人と車がにぎやかに往来していた。この国を旅行する外国人が今日でも出あう、ギリシャの子どもたちの人懐っこさを、当時三島も体験していたのだとわかる。

『アポロの杯』の中で、三島は、彼が旅した同時代のギリシャの政治状況や、近代以降のギリシャの歴史や文化について、何ひとつ語ってはいない。しかし、作家としての鋭い感受性が彼に言わしめた、アテネの町にひそむ「物寂しさ」。この「物寂しさ」こそ、ギリシャの近現代を特徴づけている重要なキーワードなのではないかと思う。

近代ギリシャの歩みは、一九世紀前半にオスマン帝国からの独立を達成し、国民国家を形成したところからはじまる。時と空間を超えた普遍的な文化価値を生み出した古代ギリシャや、最盛期には東地中海一帯に版図を広げた中世のビザンツ帝国（東ローマ帝国）の歴史に比べると、近現代のギリシャの歴史は「負け犬」の歴史であった。つねに「何かが足りない」、「満たされない」、そして「物寂しい」歴史である。理由のひとつは、近代ギリシャのアイデンティティ形成が、偉大な古代と中世の歴史との比較においてなされてきたことにある。さらに、近代以降の国際関係のなかで、ギリシャがつねに小国としての悲哀を味わってきたこともある。東地中海地域における地政学上の重要性により、ギリシャは、往々にしてヨーロッパの大国（第二次世界大戦後はこれにアメリカが加わる）の利害関係に翻弄《ほんろう》されてきたのである。

だからといって、近現代のギリシャが、とるに足らない歴史しか持たないわけではない。

むしろ、近現代のギリシャの歴史には、興味深いエピソードの数々が満ちている。「歴史ある」民族だからこそ、古代・中世と自分たちとの間を隔てるギャップに苦悩し、それを克服しようと必死に闘ってきた。その奮闘ぶりは、第三者の目には、時に悲壮であったり、滑稽ですらあったりする。ただし、そこには近代ギリシャ人としてのプライドを賭けた、その時代を生きる、人間としての真摯《しんし》な姿が浮かび上がる。さらに、大国による政治力学の衝突の現場として、ギリシャの近現代史を振りかえることで、ヨーロッパの歴史を新しい視点から語ることも可能となってくる。語りの領域は、ギリシャとヨーロッパ大国のみならず、周辺のバルカン諸国や中東地域にまで広がることになるだろう。

おしげもなくふりそそぐ太陽の光、突き抜けるような地中海の青い空、そこに住む陽気なギリシャ人。欧州連合（EU）のお荷物でしかない怠惰なギリシャ人。ギリシャ人とは、本当にそんな単純で能天気な人々なのだろうか。このステレオ・タイプ化されたギリシャ人像の裏側には、いったいどのような物語がひそんでいるのだろうか。本書を読み終えられたとき、読者のみなさんの心の中は、これまでとは違う、ギリシャとギリシャ人に対する少し複雑なイメージが作られているはずである。そしてそのとき、日本でも人気を博したギリシャ人映画監督テオ・アンゲロプロスが、なぜ青い空でなく、灰色の空のギリシャを撮り続けたかが、理解できるだろう。

本書は、主に近代以降のギリシャをいろどった、特徴的なテーマをとりあげた、一話完結の「物語」である。時系列的にゆるやかに並べられているので、どの章から読みはじめても楽しんでいただけるはずだ。

本書を手にとられた読者の多くは、近現代よりは、古代や中世のギリシャについて、より多くの知的関心をお持ちであろうし、多かれ少なかれ、それらの時代の政治・社会・文化について何らかのことをすでにご存じであろう。本書を通して立ち現われる「ギリシャ」は、そのようなみなさんが、古代や中世ギリシャの歴史に向かう際、新しい視点を提供し、より深い理解を促すことになるであろう。もちろん、ギリシャについて、これから知ろうとしている読者にとっても、本書が、最初のステップとして役立つだろう。

ギリシャ世界は、時間的にも空間的にも大きな広がりを持つ。そして、特定の時代の、特定の地理的空間の「ギリシャ」から学ばなければならないということなどない。近現代ギリシャという入口から、まずはギリシャ世界に足を踏み入れ、そこからさかのぼって過去のギリシャを見渡すことも、心躍る知的冒険である。古代のホメロス、アリストテレス、トゥキュディデスのみがギリシャ人ではない。ギリシャの地を今生きる、市井のヨルゴスも、コスタスも、エレニも、アナスタシアも、やはりギリシャ人なのである。

目次

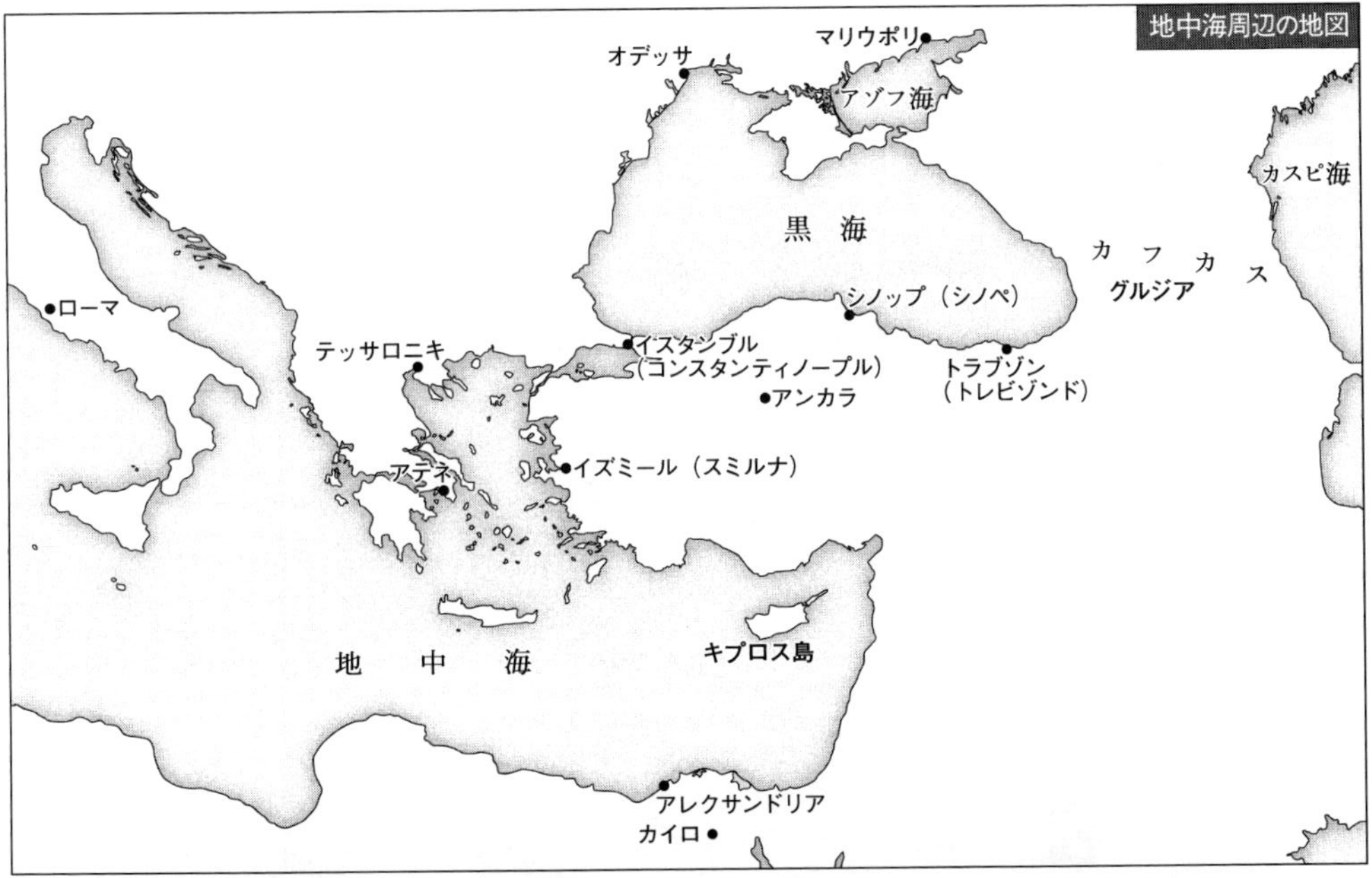

地中海周辺の地図
マリウポリ
オデッサ
アゾフ海
カスピ海
黒海
カフカス
グルジア
シノップ（シノペ）
●ローマ
テッサロニキ
イスタンブル
（コンスタンティノープル）
トラブゾン
（トレビゾンド）
アンカラ
アテネ
イズミール（スミルナ）
地中海
キプロス島
アレクサンドリア
カイロ

今日のギリシャ
ブルガリア
マケドニア
アルバニア
セレス
アレクサンドルポリ
テッサロニキ
オリンポス山
イオアニナ
ヴォロス
アルタ
メソロンギ
コリントス湾
パトラス
イオニア諸島
オリンピア
ナフプリオン
アテネ
マラトン
スパルタ
イオニア海
エーゲ海
キオス島
イズミール
(スミルナ)
キクラデス諸島
ロードス島
ハニア
イラクリオン
クレタ島
トルコ

物語　近現代ギリシャの歴史

序章　古代ギリシャの影

1　大英博物館と返還交渉

二〇一〇年四月、エジプトの首都カイロで、文化財の返還を求める国際会議が開催された。参加国は主催国のエジプトをはじめ、ギリシャ、イタリア、中国、インドなど、二五カ国にのぼった。

この会議に参加した国々の歴史的文化遺産の多くは、今日、アメリカやヨーロッパを中心とする国々の、美術館や博物館が所有している。私たちは、偉大な古代文明を誇る国々をひとつひとつ訪れることなしに、ロンドンの大英博物館や、パリのルーヴル美術館、ニューヨークのメトロポリタン美術館に足を運ぶだけで、古代世界の文化遺産を一度に鑑賞することができる。

会議に参加した国々は、博物館や美術館に陳列されている文化財の多くが、帝国主義以来の欧米列強の侵略によって「盗まれた」ものであり、それら文化遺産がもともと存在した国に返還するのが筋であると主張している。

会議でまとめられた返還要求リストの中には、ギリシャのパルテノン神殿の大理石彫刻も含まれていた。

パルテノン神殿そのものは、今日も、ギリシャの首都アテネのアクロポリスの丘に存在する。紀元前五世紀半ば、アテネは、政治指導者ペリクレスのもとで、民主政の黄金期を迎えた。パルテノン神殿は、ペリクレス時代の公共事業の精華と見なされる建築物である。神殿は、ギリシャ神話に基づく、女神アテナの生誕、アテナと海神ポセイドンの戦い、ギリシャ人とアマゾン族との戦い、トロイ戦争、などを描いた彫刻によって飾られていた。今日、これら大理石彫刻の一部はアテネに残されているが、それ以外のほとんどの部分は、ロンドンの大英博物館に展示されていて、一般にはエルギン・マーブル（Elgin Marbles）として知られている。一九世紀はじめ、これらの彫刻をイギリスへ運ぶ作業を主導した、イスタンブル駐在のイギリス大使第七代エルギン卿の名にちなんだ名称である。イスタンブルは、当時オスマン帝国の首都で、ここにイギリス大使館があった。オスマン帝国と近代ギリシャとの関わりについては、のちに詳しく述べることになる。

ギリシャは、一九八〇年代にはいって、このエルギン・マーブルの返還に、国をあげて取り組みはじめた。映画『日曜はダメよ』の娼婦役で知られる、ギリシャ人女優メリナ・メルクーリは、一九八一年に文化大臣に就任すると、エルギン・マーブル返還運動を、国家の重要な文化政策に位置づけた。一九八二年、メルクーリは、ユネスコ(国連教育科学文化機関)の会議で以下のように述べ、国際社会の場ではじめて、エルギン・マーブルのギリシャへの返還を訴えた。「これらの大理石彫刻が、故郷に、アッティカの青い空の下に、正当な場所に戻るときが来たと私は信じております。(ギリシャという正当な場所においてこそ)これらの大理石彫刻は、比類なき統一体の構造と機能の一部となるのです」「私が死ぬ前に、アテネに大理石彫刻が戻ってくることを望みます。しかし、もし私の死後、それらが戻ってくることになったならば、そのとき私は再び(ギリシャに)生まれてくるでしょう」。翌八三年、ギリシャ政府は、イギリス政府に対し、公式に返還の要求をおこなった。これ以降、エルギン・マーブルの返還は、党派を超えた国家の最重要課題のひとつと見なされ、一大キャンペーンが展開された。

白く輝くレプリカ

パルテノン神殿への入り口である、アクロポリスの丘の麓では、世界中からやってくる観光客に、エルギン・マーブル返還の正当性を訴えるパンフレットが配布された。イギリスでは、ギリシャの主張に同調する知識人らが、返還を求める委員会を結成し、二〇〇〇年までの返還をめざして、イギリス議会に圧力を加えようとした。一九九七年、ロンドンのギリシャ人学生のグループは、「返還せよ」の横断幕とギリシャ国旗を手にデモをおこない、大英博物館に返還を求める要望書を提出した。二〇〇四年のアテネ・オリンピック開催に合わせて、新アクロポリス博物館をオープンするプロジェクトでは、ロンドンとアテネのあいだで約二〇〇年にわたり離れ離れになっていた彫刻群を、パルテノン神殿を飾る統一された作品として展示することが、最大の目玉とされた。近年では、インターネットを通じて、全世界の人々に向けて、有志による民間の組織が、ギリシャへの返還の正当性を訴え、支援者を募っている。

しかし、現在にいたるまで、イギリス政府は返還に応じることなく、エルギン・マーブルは大英博物館に展示されたままである。新アクロポリス博物館の建設は予定から大幅に遅れ、二〇〇九年にいたってようやく開館に漕ぎつけた。ギリシャは、博物館の公式オープニングにあたって、大英博物館がエルギン・マーブルを一時的に貸与することを提案した。しかし、博物館側は、貸与が事実上の返還となることを恐れたのであろう。エルギン・マーブルが大英博物館の所有であることを、まずギリシャが正式に認めない限り、貸与に関する話し合いには応じないという態度を貫いたのである。ギリシャが、それを認めるはずはなかった。大英博物館の提案を受け入れることは、エルギン卿による「略奪」を許すことを意味することになるのだから。

今日、新アクロポリス博物館の最上階に設けられたパルテノン・ギャラリーには、パルテノン神殿の彫刻群が展示されている。博物館の訪問者は、実物大の神殿上部の四囲を巡る巨大な通路を歩きながら、神殿のメトープとフリーズを鑑賞することができるようになった。そこには、アテネに残った本物の彫刻が展示されている一方で、大英博物館所蔵のエルギン・マーブルにあたる部分には、レプリカがはめ込まれている。黄色みがかった大理石の本物部分と、白く輝く石膏のレプリカ部分の人工的なコントラストは、そこに「何が欠けているか」ということを、私たちに強く訴える効果をもたらしている。

ギリシャは、なぜこれほどまでに、エルギン・マーブルの返還に執着するのだろうか。それは、エルギン・マーブルが、ギリシャの歴史と文化に属するものであると考えられているからである。自分たちギリシャ人こそが、先祖の遺産の正式な管理人であると自負しているからである。エルギン・マーブルは、「古代ギリシャの末裔《まつえい》たる近代ギリシャ人」というギリシャ人アイデンティティを支える象徴である。そして、ギリシャ人が悠久の昔から存在したこと――しかも、後世にまで名を残す、高度の文化を持った民族として存在したこと――を、目に見える形で証明した芸術作品である。その意味において、エルギン・マーブルは、外国人が不当に持ち去った、主要な国家財産の一部と見なされるのである。

ギリシャは存在しなかった？

しかし、ここで私たちが考えなければならないことがある。エルギン卿が、パルテノン神殿から大理石彫刻を運び出した一九世紀はじめ、ギリシャという国はなかった。それだけではない。それ以前の時代をどこまでさかのぼっても、ギリシャという一定の地理的領域を持つ政治的統一体は、歴史的に存在したことがないのである。

古代において、ギリシャとは、アテネやスパルタといった数々の都市国家（ポリス）――多めに見積もれば、のべ一五〇〇前後にのぼる国家――が存在する世界だった。これらの都市国家は統一されるどころか、覇権をめぐってたがいに争いをつづけていた。紀元前四八〇年のサラミスの海戦ののち、アテネがペルシャと単独で講和するのではないかと、スパルタが疑うことがあった。ヘロドトスによると、それに対してアテネ人は、スパルタ人も言語・宗教・習慣・血統を共有するギリシャ人であり、アテネは同胞を敵に売ることはしないと明言した。しかし、このギリシャ人としての同胞意識によって、複数の都市国家がひとつの領域国家としてまとまることにはならなかった。古代ギリシャの多くの著作からは、ギリシャ人（ヘレネス）と非ギリシャ人――すなわち異邦人（バルバロイ）――の間に明確な線引きがなされていたことがうかがわれる。オリンピック競技会のような都市国家の枠組みを超えた、全ギリシャ世界の祭典・宗教儀礼によって、ギリシャ人としての一体感が人々の間に徐々に浸透してもいた。しかし、ギリシャ人がひとつに統一された国家を作ることは決してなかったのである。

中世のビザンツ帝国（東ローマ帝国）の主な構成民族はギリシャ人（ギリシャ語話者）であり、ギリシャ語が公用語として用いられ、政治と宗教の支配層はギリシャ人によって占められていた。その点からすれば、ビザンツ帝国は、ギリシャ人の国家と言えるかもしれない。しかし、今日のギリシャよりもはるかに広大な領土を有したビザンツ帝国には、スラヴ系諸民族やアルバニア人といった、ギリシャ人以外の民族が存在していたことを無視することはできない。ビザンツ帝国の歴史は、ギリシャ人のみのものではなく、ある意味で、今日のブルガリア人やセルビア人、アルバニア人の過去でもある。さらに言うなら、一二〇四年の第四回十字軍によって、帝国の首都コンスタンティノープルが征服されたのち、今日のギリシャにあたる領域は、西ヨーロッパの諸侯勢力によって分割統治された歴史も持つ。ビザンツ帝国は、一四世紀以降は、オスマン朝の進出によって徐々に領土を奪われ、一四五三年のコンスタンティノープルの陥落によって滅亡した。その後、今日のギリシャにあたる地域の大半は、オスマン帝国領に編入された。ギリシャ——正式には、ギリシャ王国——という一定の領域とそれを構成する国民を持つ国家が初めて誕生したのは、それから約四〇〇年経た、一八三〇年のことである。

ギリシャ人もいなかった？

ギリシャという国家は存在しなかったとしても、ギリシャ人は存在しつづけただろうと思われるかもしれない。しかし、この点についても議論の余地がある。民族が混在するバルカン半島に位置するギリシャの地で、ギリシャ人が、古代から今日にいたるまで、その血統を一〇〇％純粋なまま保ちつづけていると考えることが、いかに非現実的なことかは容易に想像がつくだろう。前近代において、ギリシャ人とそれ以外のさまざまな民族集団との境界線は、決して明確なものでも、本質的なものでもなかった。むしろ、自分たちはギリシャ人なのだという意識は、ギリシャという国家形成に向かう、一八世紀後半以降の政治、社会、文化の大きなうねりの中からつくられていったと考えなければならない。

そもそも、ビザンツ帝国において、ギリシャ人は、みずからを「ヘレネス」（ギリシャ人）と呼ぶことはなかった。彼らは、「ロミイ」（ローマ人）と意識し、そう自称していた。「ロミイ」は、広義には、ローマ帝国の臣民であり、かつ正教キリスト教徒であることを意味し、狭義には、さらにギリシャ語話者であるという要件が加えられた。オスマン帝国でも、ギリシャ人の「ロミイ」意識は継続した。宗教別支配を基盤としたこのイスラーム帝国では、「ロミイ」は、正教徒と同義に用いられた。ギリシャ人たちは、正教徒のスラヴ系やアルバニア人、ヴラヒ人といった他の民族集団と区別されることなく、ひとつの宗教共同体（ルーム・ミッレト）を構成した。ギリシャ人のアイデンティティは、キリスト教徒としての宗教意識を基盤としていたのである。

したがって、キリスト教という一神教を信じるロミイにしてみれば、多神教の神々を祀《まつ》っていた異教の古代ギリシャ世界が、自分たちの歴史と直接つながっていると考えることはできなかった。だからといって、日常的に彼らの眼に入ってくる、パルテノン神殿をはじめとする古代の遺物に対して、何の感情も持たなかったわけではない。彼らはそれらに対し、畏れと尊敬の念を示した。それは、自分たちの先祖の文化と伝統に連なるものと理解していたからではない。彼らにとって、古代ギリシャ世界の遺物とそこに生きた人々は、伝説の領域に属していた。遺物は神秘的な力をもち、古代人は、自分たちと同じ人間というより、超人と想像された。そのような遺物を粗末に扱えば、祟りが降りかかってくるだろうと恐れていたのである。

エルギン卿一行は、ヨーロッパ文明の黎明《れいめい》としての古代ギリシャ文明を「救済」するという、ヨーロッパ人としての崇高な義務感をもって、イスラーム教徒が支配する地から、パルテノン神殿の彫刻群を、イギリスに運び出そうとした。しかし、その作業を見守っていた地元のギリシャ人たちは、この外国人の行為を、彼らの意図通りには解釈しなかった。地元民たちは、神殿から彫刻を切り出したエルギン卿の配下の一団が、遺物に宿る神秘的な力の怒りを誘発すると考えたのである。彫刻を詰めた大箱をイギリスに輸送するため、アテネから近郊の港ピレウスに運ぶ作業にたずさわった地元民のなかには、その仕事を途中で放棄する者たちがいた。彼らによると、大理石彫刻の霊が泣き叫んで抗議している声が聞こえたというのである。当時、パルテノン神殿の北側に位置するエレクテイオン神殿の、少女の形をした六本の柱のうちの一体も、エルギン卿一行によってイギリスに運ばれた。この少女の「拉致」を、残りの五体の少女たちが嘆いているという噂話もささやかれた。

ギリシャの過去はだれのものか

パルテノン神殿がたどった歴史そのものも、今日のギリシャが、エルギン・マーブルの所有権を独占的に主張することが、果たして正当なのかどうかという疑問を抱かせる根拠となるだろう。パルテノン神殿は、時の支配者次第で、変幻自在にその用途を変えてきたからである。古代ギリシャ、そしてヘレニズム世界がローマ帝国の支配下におかれたのち、神殿は女神アテナを祀る聖域という本来の意味を失っていった。それでも、古典古代の文化遺産としての価値は認められ、アクロポリスに存在しつづけた。それは、二世紀のプルタルコスや、パウサニアスによる記述からもうかがわれる。しかし、その後、神殿を飾った象牙や金、そして大理石そのものは略奪にさらされた。六世紀には、神殿は、正教の教会に転用されたと考えられている。一二世紀までには、神殿の彫刻は、正教のイコンの伝統に従って描かれた、キリスト教の壁画と共存することになった。一三世紀はじめ、第四回十字軍によって、アテネが西ヨーロッパからの勢力に占領されると、神殿は、カトリック教会の大聖堂となった。

さらに、一四五六年にオスマン軍がアテネを占領すると、イスラーム教の礼拝所（モスク）となった。このとき、隣接するエレクテイオン神殿は、ハーレムとしての機能をになった。ヴェネツィアとオスマン帝国が戦争状態にあった一六八七年、オスマン軍の火薬庫として使用されていたパルテノン神殿は、ヴェネツィア軍が放った弾丸によって爆発し、歴史上最も甚大な被害を受けた。パルテノン神殿の修復作業は、一九世紀に入ってはじまったが、二〇二〇年の作業完了をめざして、現在もなお続けられている。

このように見てくると、パルテノン神殿のエルギン・マーブルに体現されている古代ギリシャ世界が、決して、今日のギリシャとそこに住むギリシャ人と、断絶なく結びついた過去であるとは言えないことが明らかであろう。では、一体、この「過去」はだれのものなのだろうか。

2　人類の普遍的な過去としてのギリシャ

一八〇一年、エルギン卿は、オスマン帝国からの許可を経て、パルテノン神殿の彫刻群を切り出し、イギリスに移送しようとした。彼は、三〇〇名の人手を雇って作業を進めた。神殿から切り出された彫刻群は箱詰めにされ、イギリスに向けて積み出された。

今日残されている帝国からの許可を示す文書は、イタリア語に翻訳されたものである。オスマン語で書かれたオリジナルの許可書は失われてしまった。許可書が、実際どの程度の搬出を認めていたのか、そして、エルギン卿が、許可書の文言をどのように解釈したのかについては、今日も様々な議論がある。エルギン卿が大理石彫刻の運び出し作業を大目に見てくれるよう、アテネ在住のオスマン帝国役人に賄賂《わいろ》を渡したという事実は、彼自身に何やら後ろめたい気持ちがあったことをうかがわせる。しかし、エルギン卿は、まったく無断でパルテノン神殿から大理石彫刻群を「盗み去った」わけではない。それらをイギリスに運ぶにあたり、彼には正当な理由というべきものがあった。古代ギリシャは、ヨーロッパ人が共有する過去であるという理由である。

この主張の背景には、「ギリシャ的理想（Hellenic Ideal）」と呼びうる、一八世紀ヨーロッパが古代ギリシャに見出したさまざまな価値に対する称賛と憧憬があった。ヨーロッパ、そして、大西洋を越えたアメリカの親ギリシャ主義については、次章で詳しく述べるが、重要なのは、この称賛と憧憬の根底には、古代ギリシャこそが、ヨーロッパの文明――政治、哲学、芸術――の源であるという、中世ルネサンス時代にさかのぼる強い意識が働いていたことである。したがって、自分たちの過去の文化や文明を「守りたい」、あるいは「もっと知りたい」と考えることは、当時のヨーロッパの詩人、小説家、画家や音楽家といった、芸術家や知識人階級にとって、当然の知的欲求だったといえる。民族的な血統ではなく、文明という人間社会の英知の継承によって、ヨーロッパと古代ギリシャを結びつけようとする、その絆の太さ、ヨーロッパの文化的想像力は、現代にまで及んでいる。

アテネの中のヨーロッパ

その顕著な例として、アテネに今日置かれている、一七におよぶ外国の研究・教育施設の存在をあげることができる。アメリカ、カナダ、オーストラリアを除けば、みなヨーロッパ諸国の施設である。アメリカもカナダもオーストラリアも、国の成り立ちから見れば、ヨーロッパ的価値観を基軸とした、ヨーロッパ諸国に連なる国々と言えるだろう。これら外国の研究施設は、規模の大小はあるが、古代ギリシャに関連する学問全般――考古学、美術、哲学、歴史学、文学など――にわたる文献をそろえた図書館を持ち、ギリシャ人考古学者のグループとも連携しながら、ギリシャにおける発掘調査にたずさわり、その成果を世界に発信している。これら研究所の図書館の多くは、所定の手続きをすれば、地元のギリシャ人のみならず、だれでも利用することができる。実際、古代ギリシャの歴史、考古学、そして美術史を専門とする日本人研究者も、これらの施設の恩恵を被っている。最も歴史が古いのは、一八四六年創設のフランスの研究所である。図書館施設の充実度、研究者育成のための教育プログラム、そして発掘活動の規模の面からみて最大なのは、一八八一年創設のアテネ・アメリカ古典学研究所である。

一般の観光客には、ほとんど知られることがないが、アテネの町には、これらの研究施設を中心に、一種「租界」ともいえる区画が広がっている。各国の研究者や大学院レヴェルの学生たちは、たいていその施設内、あるいは施設近辺に居住している。アメリカとイギリスの研究施設は隣接しており、その周辺では、日常的に英語が聞かれる。アメリカの研究所では、ハロウィーンやサンクス・ギヴィングといった自国の習慣を、同じように祝っている。そこから一〇分ほど歩いたところには、フランスの研究所があり、周囲にはフランス語書籍専門店や、フランス風のカフェが点在し、フランス語が話されている界隈が出現するのである。

ギリシャの古代遺跡の体系的な発掘調査は、ギリシャ王国が成立してから今日にいたるまで、これら欧米の研究施設の資金提供と研究者の活動によって支えられているといっても過言ではない。神託で名高いデルフィの遺跡はフランス隊によって、オリンピックの採火式がおこなわれるペロポネソス半島のオリンピアの発掘はドイツ隊によっておこなわれたものである。アテネのアクロポリスの北西の麓に位置する古代アゴラ（広場）は、アメリカ隊が発掘を続けている。クレタ島のクノッソスの発掘は、イギリス隊の仕事である。シュリーマンが発掘したミケーネは、その後イギリス隊によって調査が続けられた。

各外国の研究者は、自分の属する研究所を通して、ギリシャの文化省に発掘の申請を行う。その際、発掘者は、発掘と現状復帰に要する費用全般だけでなく、発掘物を収用する博物館等の適切な施設が近隣にない場合、暫定的な保管倉庫を用意する義務を負っている。実際には、発掘完了後、恒久的な保管施設を提供することまで期待されている。もちろん、資金を負担したからといって、一九世紀初めのエルギン卿の時代のように、発掘物を自国に持ち帰って、自国の博物館に展示する権利が、これらの外国の研究者に認められているわけではない。発掘物の分析・調査のため一時的に国外に持ち出すためには、複雑な申請手続きを経て、さまざまな厳しい条件をクリアしなくてはならない。

ギリシャ側から課せられた複雑な手続きや資金提供の要求にもかかわらず、欧米諸国の研究施設は、一九世紀から運営をつづけ、今日にいたっている。彼らの、古代ギリシャ世界を探求する熱意の裏には、やはり、自分たちの過去の一部としての古代ギリシャ、という強い意識が働いている。

われわれは、すべてギリシャ人である

ヨーロッパ、そしてアメリカから、人々がギリシャを直接訪れるようになってから、二〇〇年以上が経過した。その間、アクロポリスの丘にそびえたつパルテノン神殿を目にして感銘を受けなかった者はいない。オーストリアの精神分析学者ジグムント・フロイトは、一九〇四年に神殿を訪れ、「学校で習ったのとそっくりそのままに、それが本当に存在している」ことを発見し、驚きと困惑が混ざり合った喜びに浸った。一九〇六年と三六年、二度ギリシャを訪れた、イギリスの小説家ヴァージニア・ウルフは、現実に見る市井のギリシャ人は「薄汚く、無知で、水のように定まらない」と酷評する一方、パルテノン神殿へは、日々賛辞を書きとめた。一九九九年、当時のアメリカ大統領ビル・クリントンも、アクロポリスの丘に登ったのち、こう感想を述べた。「私は、独特の畏敬の念とともに、親しみを覚えました。（……）おそらく若かったころ、アテネの歴史やプラトンやアリストテレスの著作を読んだためだったからかもしれません。もしかしたら、アメリカという国が、政治、哲学から建築にいたるあらゆる分野で、古代ギリシャ人の影響を受けつづけているからかもしれません」。

パルテノン神殿が象徴するギリシャの過去は、欧米だけでなく、私たち日本人を含む、世界中の人々にとっての過去であるという見方もできる。ユネスコのエンブレムは、パルテノン神殿をかたどったものである。英知の女神アテナを祀ったこの神殿がエンブレムとして選ばれたのは、古代ギリシャが生み出した芸術、文化、学問的知見が、人類にとって普遍の英知であり、共通の真理であると理解されているためである。アリストテレスやプラトンといった古代ギリシャ人の政治哲学思想は、私たち日本人の生きる現代の政治や社会の成り立ちとも無縁ではない。この二人が古代アテネの民主政を、批判的に観察することによって導きだした政治哲学は、今日の民主主義（デモクラシー）の現状とその将来を考える場合、私たちが常に立ち返ってゆく場である。そのような文脈で、ギリシャの過去を見つめる時、イギリスのロマン派詩人パーシー・シェリーの「われわれは、すべてギリシャ人である（We are all Greeks.）」という詩句も、説得力を持ち得る。

3　ギリシャ人とギリシャの歴史

では、今日のギリシャ人は、古代ギリシャ世界や中世ビザンツ帝国の歴史を、「自分たちの歴史」と主張することはできないのだろうか。今日のギリシャ人は、一九世紀にギリシャが独立国家を形成してから今日までの、わずか二〇〇年の歴史を、ギリシャ民族の歴史として語るしかないのだろうか。

そのようなことは現実には起きていない。ギリシャの学校教育では、古代ギリシャから現代までの歴史を、自国史として教えている。ギリシャ人は、古代――中世ビザンツ――近現代を通じて同質であり、その歴史は途切れることなく継続しているという歴史観に基づいて、教育がなされている。この歴史観は、ギリシャ人一般に広く受け入れられている。だからこそ、メルクーリは、ギリシャ人の歴史に属する文化財として、パルテノン神殿の彫刻群の返還をイギリス政府に求めたのである。ただし、古代から中世ビザンツを経て、近現代にいたる一直線の歩みとして、自分たちの過去を解釈する姿勢が、ギリシャ人に最初から備わっていたわけではない。

先に述べたように、オスマン帝国時代の市井のギリシャ人にとって、古代ギリシャは異教の別世界であった。古代ギリシャに生きた人々が、自分たちの先祖であるという歴史意識を、彼らは持ち合わせていなかった。彼らが自分たちの先祖として、過去にさかのぼって想像できる範囲は、ビザンツ皇帝たちの君臨した時代までだった。正教徒としてのアイデンティティを持ち、自らをロミイと意識していた彼らにとって、それがごく自然の過去に対する見方であったといえよう。何よりもそれは、正教会が信徒に与えた世界観そのものだった。

このように、自分たちの過去を、ビザンツ帝国の正教キリスト教世界との結びつきを通じて理解しようとする姿勢は、一般のギリシャ人が、古代ギリシャに関する知識を欠いていたために生じたわけでは必ずしもない。同様の姿勢は、一八世紀の第三・四半世紀くらいまでの、ギリシャ人知識人による歴史記述からもうかがわれるのである。それらは、自分たちの過去とキリスト教世界の過去を同一視しており、古代ギリシャ世界がはいり込む余地はない。その記述は、天地創造にはじまり、キリスト教の歩みとともにある。ビザンツ帝国の盛衰があり、イスラーム教徒を支配者にいただくオスマン帝国が提供する枠組みのなかに、自分たちの現在があるのだと解釈しているのである。

古代ギリシャの「発見」

一八世紀にはいると、オスマン帝国とロシア帝国との戦争が幾度となく繰り返された。このような状況下で、ギリシャ人は、今までとは異なる自分たちの運命が切り開かれるのではないかという希望を持ちはじめるようになる。ただし、彼らの望みは、民族として独立を果たし国民国家を築き上げるといった、近代的、かつ政治的な目標の達成では決してなかった。

彼らは、イスラーム教徒ではなく、正教キリスト教徒が支配する世界を、漠然と夢見ていたのである。当時広く流布した予言的言説は、そのようなギリシャ人の心性をよくあらわしていると考えられる。それによると、オスマン帝国のイスラーム教徒たちは、「金髪の民族」によって、帝国の首都イスタンブルから追放されるであろうと予言されていた。「金髪の民族」とは、ギリシャ人と同じ正教を信じるロシア人であると推定された。この予言は、神の意に従った、ロシア帝国によるギリシャ人の解放であると同時に、ビザンツ帝国の再興を意味すると考えられたのである。

ギリシャ人が、古代ギリシャ人を自分たちの直接的な先祖であると考えるようになるには、啓蒙思想の浸透を待たなくてはならない。既存の国家や教会組織がおこなってきた不正や抑圧的支配を批判し、法の支配を通して、それら旧体制が恣意的に行使する権力から、個人としての人間の権利と自由を守ることを理想とした、一八世紀西ヨーロッパの新たな政治思想の潮流は、ギリシャ人知識人にも強い影響を残した。一八世紀半ば以降、彼らも、自分たちギリシャ人の置かれた状況に、次第に批判的なまなざしを向けるようになったのである。モンテスキューやヴォルテールといった、啓蒙主義を代表する思想家が、オスマン帝国の野蛮さを声高に非難したことは、ギリシャ人知識人が、オスマン帝国の同胞ギリシャ人の生きている政治、社会、および文化的環境が、「遅れている」と判断するのに決定的な役割を果たした。そこから導き出されたひとつの結論が、オスマン帝国支配を肯定し、後進性を助長していると見なされた正教会組織に対する批判であった。さらに、現状を憂い、新たな変化の必要性を感じとったギリシャ人のメンタリティーは、多民族を包摂した正教キリスト教世界への帰属意識から、ギリシャ民族に固有の歴史的過去を希求する方向にむかっていくことになる。当然のごとく、ギリシャ人が「発見」したのは、古代ギリシャという輝かしい文明との繋がりだった。古代ギリシャ人こそが自分たちの先祖であり、自分たちは古代ギリシャ文明の正当な継承者であるという意識が、徐々に前面に押し出されていった。一方、中世ビザンツ帝国に由来する、ギリシャ人のロミイとしてのアイデンティティは、少しずつ浸食されていった。そして、それまでギリシャ人が、自分たちの直接的な過去と見なしていたビザンツ帝国は、「停滞」と「退廃」の代名詞となっていった。

ギリシャ人知識人のなかで、正教キリスト教、およびビザンツ帝国の批判者として最もよく知られている人物は、ギリシャ啓蒙主義を牽引した思想家アダマンディオス・コライスである。オスマン帝国領小アジアの商業都市スミルナ（イズミール）の豪商の息子であった彼は、アムステルダムで貿易にたずさわったのち、フランスのモンペリエ大学で医学を学び、その後、著名な古典学者となった。コライスは、フランス革命の前年一七八八年から、亡くなる一八三三年までパリに住み、政治、社会、そして思想、文化的に、大きな転換期を迎えたヨーロッパの姿をじかに目撃した。ヨーロッパの大変革を直接観察することで彼が下した結論は、ギリシャ人は、自分たちのルーツである古代ギリシャの学問的伝統を自覚することがなければ、オスマン帝国支配に従属している現状から脱して、真の自由を獲得することは決してできないだろう、というものだった。彼の信念に基づくならば、第一に批判されるべきは、オスマン帝国支配を正当なものとして受け入れている正教会だった。

ビザンツ帝国批判

折しも、東地中海にまで勢力を拡大したナポレオン軍を前に、フランス革命思想がオスマン帝国の正教徒へ流布することを恐れた、イスタンブルの世界総主教座は、一七九八年に『父の教え』と題されるパンフレットを発した。それによると、ビザンツ帝国末期に、正教徒臣民は正統なキリスト教信仰から逸脱しはじめていた。だが、慈悲深く賢明な主の導きによって、正教徒がオスマン帝国の支配下に置かれることにより、正しい信仰が維持され、正教徒は救われた。したがって、オスマン帝国の既存の権威はこのまま維持されるべきであり、それを支持することこそが、オスマン帝国臣民である正教徒のなすべきことだ、と主張されたのである。世界総主教座によるこのような歴史理解に、コライスは批判の矛先を向けた。コライスは、ビザンツ帝国の崩壊は、神の摂理ではなく、ギリシャ・ローマ皇帝たちの思慮分別を欠いた愚かさに原因があると論じた。ビザンツ帝国の皇帝たちは、法による支配を閑却し、耐えがたいまでの税金を臣民に課し、その上、帝国の宮廷は、権力の掌握をめぐる親類縁者の殺害のたくらみに満ち満ちた。そうしているうちに、卑しむべきトルコ人の力が増大し、ついにはビザンツ帝国を乗っ取って、正教徒たちの王位に座ったのである。その結果、ギリシャ人は長年にわたり、隷属する身分になりさがった。この境遇からギリシャ人が脱するためには、正教的ビザンツ帝国の伝統を受け継いでいる、現在の正教聖職者の反啓蒙的な体制を否定して、古代ギリシャ世界との絆を再認識することが必須である。コライスは、正教徒を意味するロミイではなく、グレキ（ギリシャ人を意味するラテン語の Graecus に由来）を、ギリシャ人の呼称として使うことを提唱した。一八世紀ヨーロッパでは、コライスに先立って、ヴォルテールやモンテスキュー、そして歴史家ギボンが、ビザンツ帝国を含むローマ帝国批判をすでに展開していた。コライスによるビザンツ帝国批判の激しさは、彼らに決して劣らないものがあった。

兎にも角にも、一八世紀末から一九世紀の初めには、それまでギリシャ人の過去と分かちがたく結びついていたビザンツ帝国を軽視し、軽侮する態度がギリシャ人に見られるようになる。ギリシャ人の意識における正教ビザンツ世界の優位が揺らぎはじめ、それを補うように、古代ギリシャ世界との絆が、彼らのアイデンティティの核として絶対的な地位を占めるようになる。古代ギリシャとの繋がりという意識から、ギリシャ人の歴史を眺めた場合、ギリシャ人が政治的な自由を享受し、独立を謳歌《おうか》していた時代は、紀元前三三八年のカイロネイアの戦いにおいて、ギリシャ連合軍がマケドニア王国に敗北した時点で終焉したと考えられた。ギリシャ人にとって、その後の歴史は、マケドニア人、ローマ人、フランク人（西欧人一般を意味する）、そしてトルコ人に支配される、従属の歴史の連鎖でしかなかった。一八三〇年の独立達成は、実に二〇〇〇年以上の隷属からの政治的自由が実現したものと理解されたのである。

アテネに首都を！

独立したギリシャ王国の初期のギリシャ人ナショナリストは、古代ギリシャ世界を崇拝し、それを自らのアイデンティティの源とした。彼らは、古代ギリシャ人の末裔としてのアイデンティティを強調したのである。古代と近代との結びつきは、王国の首都アテネの都市計画にも反映された。独立当時、アテネは、古代ギリシャ世界での覇者としての地位など見る影もなく、政治的にも重要性をもたない、人口わずか一万二〇〇〇人の地方都市でしかなかった。一八三四年に、独立当初の首都ナフプリオンから遷都された理由は、ひとえにアテネが古代ギリシャの栄光をまとっていたからに他ならない。古代ギリシャを崇拝したバイエルン国王ルートヴィヒ一世の次男オットー（ギリシャ名オトン）が、ギリシャ王国の初代国王に就任すると、アテネを、古代ギリシャの雰囲気を醸しだす、西欧近代の都市として再建する計画が実行に移された。オスマン帝国時代のイスラーム的な、錯綜する曲がりくねった小道、モスク、公衆浴場、そしてビザンツ教会が、古代的ではない「よそもの」として取り壊され、直線的な碁盤目状の道路がつくられた。主だった通りは、新古典主義様式の建物でいろどられ、視覚的にも、古代ギリシャ世界と新生ギリシャ国家とのつながりが確認されていくのである。

古代遺跡の発掘と保護にも力が注がれた。新たに建設が進められていた新古典主義様式の建築物が、近代人の手による、多分に意識的な、古代と自分たちの絆の証しづくりだったのに対して、遺跡は、ギリシャ王国の地に存在するという事実そのものによって、古代と近代を結びつけていたからである。アテネ遷都と同じ一八三四年に、考古学局が設立され、廃墟と化していたアクロポリスの調査が開始された。三七年には、アテネ考古学協会が設立され、古代遺跡の発掘と保護を国家事業としておこなう基盤が整った。

ギリシャ人の古代崇拝は、国の公用語の問題にまで波及した。ギリシャでは、一九世紀にいたるまで、アッティカ方言の古代ギリシャ語が文語の形で継承されていた。一方で、人々は、口語ギリシャ語（ディモティキ）を使って、日常生活を送っていた。新生国家の古代崇拝イデオロギーは、古代語から乖離《かいり》した、口語を公用語とすることをよしとしなかった。ただし、古代語をそのまま公用語として用いることにも無理があった。そのような状況の下で、口語から外国語の影響を排除し、文法的には古代語に擬した、口語と文語を折衷した純正語（カサレヴサ）と呼ばれるギリシャ語が、なかば公用語のように用いられることとなった。

ギリシャ民族は万古不易か？

このように、近代ギリシャ人と古代ギリシャ世界とのつながりは、新生ギリシャ国家の、さまざまな領域で強調され、近代ギリシャ人のアイデンティティ形成に大きな影響を与えた。ところが、ここに困った事態が生じた。ことの発端は、一八三五年にバイエルン科学アカデミーで、歴史学者ヤコブ・フィリップ・ファルメライヤーがおこなった、近代ギリシャ人の起源についての講義だった。ファルメライヤーは、紀元五世紀に、ギリシャの地、とりわけアテネを中心とするアッティカ地域にスラヴ人が侵攻したことにより、民族的にも、文化的にも、古代ギリシャのすべての痕跡は消し去られてしまったと主張したのである。ファルメライヤーの主張にしたがうならば、近代のギリシャ人は、古代ギリシャ人とはまったく関係のない、むしろスラヴ人の血をひく民族だということになる。古代ギリシャ文明の直系の子孫であるという自負と誇りとが、誕生したばかりの近代ギリシャ国家を支える、主要なイデオロギーであったにもかかわらず、ファルメライヤーの説は、それを根底から覆し、近代ギリシャ人のアイデンティティを大きく揺るがす結果をもたらしたのである。

近代ギリシャ人は古代ギリシャ民族と同じではない、という彼の主張は、反駁《はんばく》されねばならないものだった。その役割を担ったのが歴史学である。アテネ大学の歴史学教授コンスタンディノス・パパリゴプロスは、一八六〇年から七四年にかけて『ギリシャ民族の歴史』(全五巻）を著した。彼は、古代から近代にいたるまで、ギリシャ民族はとぎれることなく存在しつづけたという歴史観を提示した。ここで注目されるのは、ビザンツ帝国の歴史が復権を果たしたことである。前述したように、独立戦争前夜の啓蒙主義の煽《あお》りで、ビザンツ帝国の評価は極端に低下していた。ギリシャ人にも、ビザンツ帝国の歴史を、自分たちの直接の過去と見なすことに対する抵抗が、少なからずあった。しかし、パパリゴプロスの著作により、一度はギリシャ人の過去から切り離された中世ビザンツ帝国が、古代と近代を結ぶ鍵となる、重要な時代として再評価されたのである。別の見方をすれば、ビザンツ帝国を中世ギリシャの歴史として組み入れることなくしては、ファルメライヤー説に対抗して、ギリシャ民族が、時間的にも空間的にも継続していることを証明することはできなかったということでもある。古代ギリシャ人に、自分たち民族のアイデンティティを投影していた近代ギリシャ人ではあったが、古代と近代の中間にあたる部分が、彼らの過去からすっぽりと抜け落ちていた。その欠落を埋めたのが、中世ビザンツ帝国の歴史であった。パパリゴプロスによって、「古代―中世―近代」と直線的につながってきた、万古不易のギリシャ民族という、今日にいたるまでギリシャ人の民族意識を支える、国民史――国民の物語――が誕生したのである。

『ギリシャ民族の歴史』は全一五部からなる。第一部から第五部は、神話時代にはじまり、古代のポリスの誕生から、発展――ペルシャ戦争を契機としたアテネの覇権、ペロポネソス戦争とスパルタの覇権――を経て、ポリス世界が徐々に力を失っていく様相を「最初のヘレニズム」として語る。つづく第六部と第七部で、マケドニア王国フィリッポス二世によるギリシャ征服と、その息子アレクサンドロス大王の東方遠征、そして彼の死後の後継者たちの時代を「マケドニア・ヘレニズム」の時代として描く。第八部でローマ帝国に言及したのち、第九部から第一三部で、ビザンツ帝国の歴史が語られる。ギリシャ化した東ローマ帝国の王朝の時代は、「ビザンツ・ヘレニズム」と総称される。約四〇〇年にわたったオスマン帝国による支配は、第一四部でのみ語られ、最後の「われわれのヘレニズム」と題された第一五部で、独立戦争前夜のギリシャ人の民族としての覚醒が描かれ、独立達成を決定づけた、一八二七年のナヴァリノの海戦で幕が閉じられる。パパリゴプロスは、『ギリシャ民族の歴史』の総集編として、さらに一冊の本を書いている。そこでは、『歴史』で語られた四つのヘレニズムの名称が、多少修正されて用いられている。ポリスの時代までは、「最初のヘレニズム」、マケドニア王国とその後継者の時代は「東方ヘレニズム」、ビザンツ帝国の時代は「中世ヘレニズム」、そして「近代ヘレニズム」といった具合に。

ヘレニズムと正教徒意識

特徴的なのは、パパリゴプロスが「ヘレニズム」という語を、オスマン帝国時代をのぞいた、あらゆる時代に適用していることである。「ヘレニズム」といえば、ギリシャ史を多少とも知る者なら、紀元前四世紀後半のアレクサンドロス大王による東方遠征の結果、東地中海と中東一帯に伝播《でんぱ》したギリシャ風文化としての「ヘレニズム」を想起するだろう。あるいは、ヘブライズムとともに、ヨーロッパ文明の源流と考えられた、古代ギリシャ文明としての「ヘレニズム」を思い浮かべるかもしれない。パパリゴプロスの「ヘレニズム」は、そのどちらでもない。彼の「ヘレニズム」は、ギリシャ民族の「想像の共同体」を思い描かせる、近代のナショナリズムと極めて強い親和性を持つ。ギリシャ民族の歴史を「ヘレニズム」という用語を用いて通観したことは、ギリシャ民族が歴史を通じて間断なく存在してきたことを、ギリシャ人自身に、強く印象づけることに貢献した。

パパリゴプロスは、オリンポスの一二神を崇拝する古代と、ビザンツ帝国のキリスト教世界という信仰の断絶を、ギリシャ民族の歴史の断絶とは見なさなかった。彼は、古代と中世を断絶させる要素ではなく、この二つの時代にまたがって、共有されている要素に目を向けた。古代ギリシャの知的伝統や教育、特にそれを伝える手段としてのギリシャ語が、中世ビザンツ世界に継承されたことに注目したのである。オスマン帝国支配期においても、ギリシャ語はギリシャ人によって使われつづけ、何よりも聖書の言葉として尊重された。こうしてパパリゴプロスは、ギリシャ人が民族のアイデンティティを保持しつづけ、長い歴史の末に、最終的に政治的な独立を勝ち取ることができたという、ロマン主義的なヘレニズムの一大叙事詩を、高らかに謳いあげたのだった。

パパリゴプロスの『歴史』は、一九世紀ギリシャの知的到達点と言える。彼の著作は、当時のギリシャ人に心理的な安定をもたらした。独立後三〇年を経て、彼らは、古代ギリシャ世界と自分たちを結びつける言説だけでは、「自分たちは何者であるのか」という問いへの十分な答えにはなっていないという、不満と居心地の悪さを感じるようになっていた。その大きな理由のひとつは、近代ギリシャ人のアイデンティティをめぐる言説が、古代を崇拝し、重要視する一方、彼らが正教徒であるという事実に、いたって無頓着だったことにある。しかし、正教徒の伝統——すなわちキリスト教的ビザンツ世界——を継承しているロミイとしての意識は、独立前夜の古代崇拝熱によっていったんは後退したものの、ギリシャ人の心から決して消えさるものではなかった。この正教徒としての意識と、古代ギリシャ世界との紐帯《ちゅうたい》が、整合することによってのみ、ギリシャ民族の歴史性が証明され、近代ギリシャ人の存在が正当化されるように思われたのである。パパリゴプロスは、ビザンツ帝国の正教世界をギリシャ人の歴史に組み入れることによって、このギリシャ人の願望を、見事にかなえたといえる。独立達成後のギリシャ社会とギリシャ人一般の願望に合致する彼の『歴史』は、学問的著作であったにもかかわらず、版を重ね、ギリシャ人の広い層に読まれることになった。

パパリゴプロスの『歴史』によって、数千年にわたるヘレニズムの歴史は、ギリシャ民族の国民史となった。この歴史の重みは、近代のギリシャ人のアイデンティティの土台となり、彼らに一種の自信を与えた。しかし、それと同時に、その後のギリシャの歴史のさまざまな場面で、御しがたい力となって、ギリシャ人を苦しめることになるのだった。

第一章　独立戦争と列強の政治力学（一八二一－三二）

1　ヨーロッパの親ギリシャ主義とウィーン体制

オスマン帝国支配からの解放を求めるギリシャ独立戦争は、一八二一年三月、アレクサンドロス・イプシランディスが、わずか四五〇〇の兵を引き連れ、ロシア領ベッサラビアからプルート川を渡り、オスマン帝国領モルドヴァに進軍したことにはじまる。イプシランディスは、オスマン帝国でファナリオテスと総称された、有力なギリシャ人一族の出身であり、当時のロシア皇帝アレクサンドル一世の軍の副官を務めた人物だった。彼は、ギリシャの独立をめざした秘密結社、友愛協会（フィリキ・エテリア）の要請によって、協会の総司令官に就任し、オスマン帝国に反旗を翻す狼煙《のろし》をあげたのだった。進軍したイプシランディスは檄文《げきぶん》を発して、ギリシャ人に決起を呼びかけた。「ギリシャ人よ、信仰と祖国のために戦え！　時は満ちた。かつて、自分たちの権利と自由のために戦ったヨーロッパの人々が、われわれもそのあとに続くようにと促した。部分的な解放しか与えられていなかった彼らは、全力で自分たちの自由を拡張し、その自由によって、自分たちの大いなる繁栄を手にし、それを謳歌しようと努めたのだった。われわれの兄弟と友人は、あらゆる場所で、用意ができている……祖国がわれわれを呼んでいる！」

このイプシランディスの蜂起は、同年六月にオスマン軍によって鎮圧された。しかし、これと前後して、ペロポネソス半島で散発的に起こっていた蜂起は継続し、オスマン帝国支配からの解放をめざす、本格的な戦争状態へと突入していった。

戦争開始から三年後の一八二四年四月、イギリス・ロマン派の詩人バイロン卿は、ペロポネソス半島の対岸に位置するメソロンギという小さな町で、病のため息をひきとった。彼の最期の言葉は、「哀れなギリシャ！」であったと伝えられている。バイロンは、ギリシャ反乱軍を援助する目的で設立された、ロンドン・ギリシャ委員会に請われて、同年一月に、この地に足を踏み入れた。彼のメソロンギ滞在は、三ヶ月にも満たないものだった。バイロンは、ロンドン・ギリシャ委員会の仲介によって実現した、イギリスからの貸付金のギリシャ到着を待たず、私費を投じて、ヨーロッパ諸国からの義勇兵とギリシャ人で構成される軍団を結成した。しかし、バイロンの軍団が実際の戦闘で成果を上げることはなく、彼の死後、まもなく解体した。

バイロンが巻き起こした熱狂

バイロンが、ギリシャ独立という大義に直接関与した期間は短い。しかも、軍事的にギリシャ側に勝利をもたらしたり、外交的にギリシャ独立の道筋をつけたりするようなことはなかった。それにもかかわらず、彼は、ヨーロッパ、そしてアメリカからギリシャ独立戦争に馳せ参じた人々の中で、最もギリシャを愛し、独立に貢献した親ギリシャ主義者として、その名を歴史に刻んだのである。

彼はギリシャ独立戦争が開始される一〇年以上前の一八〇九年から一一年にも、ギリシャの地を訪れていた。ギリシャの旅から戻った翌年の一八一二年、詩集『チャイルド・ハロルドの遍歴』が出版された。この作品のなかで、バイロンは、みずからが目にしたオスマン帝国に従属する当時のギリシャと、自由を謳歌していた古代ギリシャを対比し、ギリシャ再生の願いを熱く歌った。

美しいギリシャ！　消え去った武勇の悲しき面影！
亡んでもなお、不滅なるもの、敗れてもなお、
偉大なるものよ！

バイロン卿（1788-1824）

今は誰が故国を忘れた汝の子どもたちを先導し、
久しく慣らされた奴隷の境涯から解き放つのだろう?
汝の息子たちに奴隷であったものはない。かつて彼ら、
望みを絶たれても進んで運命を受け入れた戦士たちは、待ちうけた、
死屍累々、墓場のごときテルモピレーの荒涼たる峠で——。
おお、誰があの勇猛な精神を取り戻して、
ユーロタスの岸辺から起ちあがり、墓穴から汝を呼びだすのだろう?

ここにあらわれるテルモピレーとは、紀元前四八〇年、レオニダス王とわずか三〇〇のギリシャの兵士が、ペルシャの大軍を迎え撃ち、玉砕した地である。ユーロタスは、ペロポネソス半島南部を流れる川で、西岸には古代のスパルタがあった。テルモピレーで戦ったのは、スパルタの戦士たちである。

『チャイルド・ハロルド』の初版は、発売から三日で売り切れ、一年間に第四版まで出版されるほどの人気となった。この作品の評判はイギリスだけにとどまらなかった。『チャイルド・ハロルド』は、ヨーロッパ全土でひろく読まれ、バイロンは一躍、時代を代表する詩人としてもてはやされることとなった。同時に、ギリシャを歌わせたなら随一の詩人として、

名声を獲得したのである。

ギリシャ再興はヨーロッパ人の夢

『チャイルド・ハロルド』がヨーロッパ中で熱狂的に受容された背景には、古くはルネサンスにまでさかのぼり、一八世紀後半の知識人・芸術家たちにおいて最高点に達した、ギリシャ的理想、すなわち古代ギリシャに対する憧憬と崇拝という文化的土壌が、ヨーロッパにあったからに他ならない。この親ギリシャ主義的風潮のなかで、ギリシャに対する想像力は肥大化し、近代のギリシャが、イスラーム教徒の支配から脱して、再び自由を獲得することへの期待と、ヨーロッパ人として、ギリシャの再生のために、何らかの手助けをしたいという思いが、人々の間に広く浸透していった。

バイロンのギリシャ独立戦争への参加は、ヨーロッパ人の想像のなかで夢みられていた「ギリシャの再興」を、彼みずからが、行動を通して実現させようとした企てと理解された。バイロンは、みずから夢想したことを行動に移したという点でロマン主義を体現した英雄であっただけでなく、ギリシャの地で命を落としたという悲劇的な事実によって、ギリシャの自由と独立の象徴的存在となったのである。

もちろん、バイロンがギリシャ入りする前から、独立戦争に参加するヨーロッパからの義勇兵はいた。ヨーロッパの各地には、ギリシャを支援するための委員会が設立され、実際に現地に赴いて戦おうとする者たちにさまざまな便宜が図られただけでなく、一般の人々からの義捐金を受け付ける窓口となった。

しかし、ギリシャ独立戦争を、ヨーロッパに広く知らしめ、ヨーロッパの親ギリシャ主義を勢いづけたという点で、バイロンの果たした役割は他に類をみなかった。バイロンがギリシャに向かったという知らせが広く知れわたると、彼のあとを追って独立戦争に参加しようという人々が、ヨーロッパだけでなく、アメリカからも続々とあらわれた。当時の詩人といえば、今日の映画スター並みの人気を誇っており、その影響力は絶大なものだった。

ギリシャに向かう義勇兵の数は、バイロンの死後もとどまることはなかった。その中には、アメリカ初代大統領ジョージ・ワシントンの甥にあたるウィリアム・タウンゼンド・ワシントンもいた。もっとも、彼は真摯な親ギリシャ主義者だったとは言いがたい。放蕩無頼《ほうとうぶらい》なワシントンは、アメリカのギリシャ支援委員会から託された資金を無駄に使い果たし、他のアメリカ人義勇兵から毛嫌いされる不誠実な人物であった。彼は、一八二七年にギリシャ軍の放った大砲の弾にあたって命を落とした。バイロンとは対照的に、アメリカ初代大統領の系譜をひく人物が独立戦争に参加したことを知るギリシャ人は、今日ほとんどいない。

ギリシャ独立戦争の意味

ギリシャ独立戦争は、ヨーロッパの人々にとって、ふたつの点で重要な意味を持っていた。ひとつは、この戦争が、キリスト教とイスラーム教の宗教戦争の側面を持っていたという点である。キリスト教を主軸とするヨーロッパ世界の伝統と歴史のなかで、イスラーム教徒は、常に「野蛮な他者」であった。ヨーロッパ文明揺籃《ようらん》の地であり、キリスト教を奉じるギリシャ人が住まうギリシャの地を、異教であるイスラームの支配から解放することによって、ギリシャをヨーロッパ世界の一部として再生させることは、ヨーロッパ人にとって、中世の十字軍の精神に通じていた。ドラクロワが描いた『キオス島の虐殺』で知られる、一八二二年四月の、キオス島のギリシャ人キリスト教徒の、オスマン軍による大量殺戮《さつりく》の報がヨーロッパにもたらされると、人々は反イスラーム感情に沸き立ち、親ギリシャ主義はさらなる広がりを見せたのである。

第二に、この戦争は、ナポレオンを打ち負かしたヨーロッパ列強諸国——オーストリア、ロシア、プロイセン、イギリス——が、ナポレオン登場以前のヨーロッパに回帰することを意図した復古的なウィーン体制に不満を持つ人々に、感情のはけ口を提供した。これら列強は、フランス革命以前の王朝と旧来の政治体制を復活させ、それを維持することによって、ヨーロッパが再び革命運動の波に揺るがされることがないように協調路線をとった。この現状維持を至上命令とする、保守的な政治体制は、フランス革命とナポレオン支配がヨーロッパにもたらした自由主義思想とナショナリズム運動に、真っ向から対峙した。

ギリシャ独立戦争には、さまざまな人々が参加した。ナポレオン戦争に参加した後にフランスを追われたフランス人軍人。自由主義を標榜《ひょうぼう》して一八二〇年のナポリやスペインの反乱を起こし、失敗に終わったその残党たち。そして、対ナポレオン戦争でフランス支配からの自由を求めて戦った後、権威主義的体制が復活する過程で、政治的自由と、最終的にはドイツ統一を夢見るロマン主義的なドイツ人たち。そのような人々である。彼らにとって、ギリシャ独立戦争は、ウィーン体制を打破し、新たなヨーロッパを生み出す可能性をもつように思われたのである。

列強の思惑

ギリシャの独立を実現させるべく、ヨーロッパやアメリカから個々人が馳せ参じる一方で、ヨーロッパ列強は、即座に、ギリシャ人の反乱に断固として反対する態度を明らかにした。列強の勢力均衡のためには、現存のヨーロッパ諸国の政治体制や国境が維持されるだけでなく、オスマン帝国の領土がそのままに保たれることも同様に重要であると考えられていたからである。一八世紀後半以降、オスマン帝国の弱体化に乗じて、イギリス、フランス、そしてロシアは、東地中海地域での覇権をめぐって激しく対立するようになっていた。オスマン帝国領の一角に、ギリシャ人の国家が誕生することになるならば、それらの国々の対東地中海政策は変更を余儀なくされるであろう。その結果、ヨーロッパ列強の勢力均衡が崩れ、列強間の戦争が不可避となることが懸念されたのである。

独立戦争開始の契機となった友愛協会は、三人のギリシャ人商人によって、ロシア帝国領黒海沿岸の都市オデッサで、一八一四年に設立された。協会は、ロシア皇帝アレクサンドル一世が支援しているとの噂を背景に、急速に会員を増大させた。記録に残されているのは約一〇〇〇人の会員名であるが、実際は、オスマン帝国外のギリシャ人居留地も含めて、その会員数は二〇〇〇から三〇〇〇にのぼったと推測される。協会の総司令官イプシランディスが、ロシア軍の副官だった事実も、ロシア皇帝の支持を暗示しているかのように思われた。

しかし、イプシランディスの蜂起が開始された直後、皇帝アレクサンドル一世は、イプシランディスのロシア軍籍を剝奪《はくだつ》し、ギリシャ人の反乱を非難して、不支持の態度を明確にした。オーストリアの宰相メッテルニヒも、ギリシャとは、地理的領域を示す用語に過ぎず、政治的に独立した存在とはなりえないと、ギリシャの大義に対してあからさまに嫌悪感を示した。メッテルニヒは、ギリシャの反乱に乗じて、ロシアが正教徒の保護と救済を口実に、オスマン帝国に宣戦布告するのではないかと恐れたが、これは杞憂《きゆう》に終わった。列強諸国は、不介入の立場をとることで、ギリシャ軍は早晩オスマン帝国軍に降伏すると見ており、それが最も望ましいと考えていたのである。

オスマン帝国で、ギリシャ人を含む正教徒を統括していたイスタンブルの世界総主教座も、イプシランディスを筆頭とする、反乱の首謀者たちを「神をも畏れぬ指導者たち、自暴自棄の逃亡者たち、そして破壊的な裏切り者たち」と、強い非難の言葉をもって破門した。オスマン帝国の枠組みで生きることこそが、神が正教徒に与えた運命であり、それに反する行動をとることは神の教えに背くというのがその理由だった。世界総主教座の公式見解では、オスマン帝国のスルタンは、正教徒にとって合法的な支配者であり、ローマ皇帝の後継者であった。叛徒を破門することでオスマン帝国への忠誠を示した正教会であったが、帝国当局はそれだけでは満足しなかった。世界総主教グリゴリオス五世は、配下の正教徒の反乱を抑えることができなかった責任を問われて、間もなく絞首刑に処せられた。

ギリシャ独立戦争は、欧米からの親ギリシャ主義者たちを除いて、ヨーロッパ列強からの支援もなければ、オスマン帝国内の正教徒の長である世界総主教からも承認されることのない、孤立無援の状況の中ではじまった。オスマン帝国は、ギリシャ人の反乱を、民族独立のための戦いとは解釈しなかった。帝国の理解によると、それは、キリスト教徒臣民の「謀反人」あるいは「裏切り者」たちによる暴動にすぎなかった。

2　独立戦争の趨勢

イプシランディスの蜂起から約一〇ヶ月後の一八二二年一月、ペロポネソス半島のエピダウロスで開催された国民議会で、「ギリシャの暫定的政治体制」という名称で知られる憲法が、ギリシャ暫定政府によって発布された。その中で、ギリシャ人は、独立した民族として国家を形成しようとするとの決意が示された。

嫌悪すべきオスマン帝国の支配下にあって、暴政の重く受け入れがたい軛《くびき》に耐えることができず、多大なる犠牲によって、これを振り払ったギリシャ民族は、今日、民族の合法的な代表者を通して、国民議会において、神と人類の前で、ギリシャ民族の政治的存在と独立を宣言する。

この宣言からは、独立戦争開始後に形成されたギリシャ暫定政府のもとに集結したギリシャ民族が、自由を勝ち取って、民族の運命を自分たちの手に取り戻そうとする崇高な姿が浮かび上がる。しかし、実際、独立戦争に参加したギリシャ人は、ひとつの政府のもとに一致団結して、死を賭してでも民族の独立のために戦おうという強い意志を持って戦争を遂行したわけではない。欧米から馳せ参じた親ギリシャ主義者たちが、しばしば呆れ、嘆き、そしてしまいには憤ったように、独立戦争は、統一した指揮系統を欠いた、ギリシャ人どうしの絶え間ない内戦の連続でもあった。

独立戦争に参加したギリシャ人たちを、四〇〇年にわたってイスラーム教徒に支配されつづけていた、哀れな被支配民とのみ特徴づける見方はまちがっている。たしかに、キリスト教徒のギリシャ人たちは、イスラーム教徒と比較すると、さまざまな点で不利な立場におかれた。イスラーム教徒の証言を反駁するようなキリスト教徒の証言は、裁判では受け入れられなかった。武器の所持は、原則として、イスラーム教徒だけに許される特権であり、キリスト教徒は軍務に就く代わりに税を支払わなくてはならなかった。一七世紀末までは、イエニチェリと呼ばれる帝国の精鋭部隊の要員として、キリスト教徒子弟がイスラーム教に強制的に改宗させられ、徴兵されることもあった。

エリート層のギリシャ人

しかしながら、オスマン帝国のキリスト教徒の地域共同体は、税を納める限りにおいて、概して緩やかな自治を与えられており、人々は宗教を理由に迫害されたり、イスラーム教への改宗を強制されたりすることは稀だった。しかも、ギリシャ人の地域共同体内部には、ギリシャ人エリート層が存在した。前述の憲法で述べられている、暴政をしくオスマン帝国像とは異なり、オスマン帝国の支配体制は、その体制の枠組みのなかで恩恵を被っていたギリシャ人エリート層にとっては、決して圧政とは言えなかった。エリート層の一翼を担っていたのは、コジャバシデス、あるいはプロクリティとして知られる名望家や、キリスト教徒でありながら治安維持の目的で武器の携帯を許された武装勢力――コリントス湾から北ではアルマトリ、ペロポネソス半島ではカピと呼ばれた――である。

彼らは、オスマン帝国のギリシャ人共同体のなかでも特権的な地位を享受していた。名望家は、税の負担を共同体住民に分担させ、それを徴収する役割を帝国当局から与えられていた。その職務を悪用して、彼らは、しばしば帝国に支払う額以上の税をとりたて、余剰分を貸与したり、みずからの経済活動に利用したりした。それによって名望家は、共同体のなかで、政治・経済的に強い影響力を持つようになった。共同体の一般の住民にとっては、名望家こそが帝国の直接の手先であり、支配者だった。名望家は、支配者であるイスラーム教徒の生活様式を真似ることを誇りとし、さながら「キリスト教徒のトルコ人」であった。

キリスト教徒の武装勢力――アルマトリやカピ――は、そもそもはクレフテスと呼ばれる盗賊からの成り上がりだった。オスマン帝国当局は、常備軍設置の手間を省いて、無法者のクレフテスに武器の携帯を許可し、アルマトリとして、山道警備や管轄地域の治安維持を一任した。カピの起源は、ペロポネソスの名望家が、警護のためにクレフテスを私兵として雇ったことにはじまる。彼らのなかからは、かつての雇い主である名望家をしのぐ力を持つ者もあらわれた。これら武装勢力は、治安維持の職務を果たすことによって、免税などの特権を享受していた。その一方で、クレフテスの襲撃から共同体の成員を保護するとの口実で、金銭や食糧を取り立てたり、クレフテスと協力して、共同体から人質をとって身代金を要求したりして私腹を肥やした。

地域共同体より上位の、帝国組織の中枢で活躍するギリシャ人エリート層もあった。ファナリオテスと呼ばれた、政治・経済力と教養を兼ね備えた家系のギリシャ人たちである。彼らは、通訳として、ヨーロッパの外交官と帝国役人やスルタンとの仲介役を担っただけでなく、イスタンブルの世界総主教座と帝国当局との連絡係としての役割も果たした。さらには、ハプスブルク帝国及びロシア帝国と国境を接していたため、常に領土をめぐる衝突が絶えなかったオスマン帝国領モルドヴァ・ワラキア両公国の公（ホスポダール）を務めた。公は、領域内の徴税、教会組織も含めた行政、国境警備と国境地帯での外交活動に従事した。独立戦争の狼煙をあげた、イプシランディスの祖父も父も公だった。

食い違う未来像

独立戦争で中心的な役割を果たしたのは、このように、オスマン帝国の支配体制のなかで、何らかの特権を享受していたギリシャ人エリート層に属する人々だった。しかし、エリート層とはいっても、名望家、武装勢力、ファナリオテスは、それぞれ異なる価値観を持っていた。さらには、それまで「ギリシャ」という地理的な境界線が存在しない状況下で生きてきた彼らにとって、ギリシャという国の利益とはいかなるものなのかを想像することは困難であり、自分たちの地域の利益を守ることが何よりも重要であった。したがって、ペロポネソスの名望家の利益は、コリントス湾より北のルメリ地域の名望家や、エーゲ海の島々の名望家の利益と必ずしも一致したわけではない。むしろ、ペロポネソスの名望家は、ペロポネソスの武装勢力と組むことによって、自分たちの利益を守ることができたのである。

将来のギリシャ人の国をどのようなものにするかについても、ギリシャ人指導者の間に意見の一致があったわけではない。ヨーロッパの啓蒙思想に慣れ親しんでいたファナリオテスは、ギリシャが、教会の影響を脱した世俗的で、官僚組織と国民軍を持った西欧型の立憲国家となることを望んだ。しかし、名望家や武装勢力は、これから生まれるギリシャ人の国家の具体的な姿を明瞭に思い描くことはできなかった。

名望家や武装勢力の多くは、より狭い、伝統的な世界観のなかで生きていた。したがって、独立戦争がはじまったとき、オスマン帝国支配下のイオアニナを中心とした一帯（今日の北部ギリシャと南部アルバニア）で、帝国から半ば独立した侯国を築いて権勢をほしいままにしていた地方豪族アリー・パシャが実現させていたような、個人の恣意的な支配が可能な国のかたちを、彼らが生み出そうとしていたギリシャという国のモデルとして心に描いていたとしても何ら不思議はない。彼らは、自分たちが支配している地域共同体の上部に覆いかぶさっているオスマン帝国という枠組みを取り払い、イスラーム教徒の支配者を追放して、より自由に特権を享受できる政治体制を作ろうと漠然と考えていたにすぎない。それは何もひとつのまとまった国家でなくてもよかった。ギリシャ人というひとつの民族であるという理由で、一定の領域をもつ、ひとつの国家を形成しなくてはならないというような考えは、当初彼らの念頭になかったのである。

ファナリオテスの提示した官僚組織の創設は、それまで共同体の行政全般を担ってきた名望家たちにとって、自分たちの権益を脅かしかねないものだった。アルマトリやカピといった武装勢力の頭目は、武器を自由に操り、個人的な力量とカリスマによって多数の手下を配下に従えていた。独立戦争中、ギリシャ軍の主力として活躍することになった彼らであるが、戦いの偉功は、あくまで彼ら個人の名誉と武勇に帰されるものであり、近代的な愛国主義精神の発露とは無縁のものだった。彼らは、ギリシャ政府によって正規軍として組織されることを嫌い、報奨や恩赦の条件次第では、簡単にオスマン軍に寝返った。彼らにとって、個人的、あるいは地縁的なつながりを超えた、まだ見ぬ国家への忠誠を基礎とした国民軍の創設など思いもよらないことだった。ヨーロッパの啓蒙思想の影響を受けたファナリオテスと、オスマン帝国の伝統的な地域主義のなかに生きる名望家、あるいは武装勢力たちは、「国家」というものに関し、異なる社会・文化環境のなかで、それぞれが自分たちの理想とする考えを抱いていたと言える。

ギリシャ人の総意

ファナリオテス、名望家、そして武装勢力は、独立戦争中の錯綜する主導権争いのなかで、時と場合によって自在に敵、味方となり、ときには複数の政府が併存する事態もおこった。しかし、これら対立する指導的立場のギリシャ人すべてが、意見を同じくしていたことがある。彼らが一貫して考えていたのは、ヨーロッパ列強の軍事、経済、外交上の支援がなければ、ギリシャの独立は決して勝ち取れないだろうということだった。先に述べたように、主だったヨーロッパ列強は、ギリシャ独立戦争を現状の政治体制を破壊するものと見なし、不支持の態度を決め込み、即座に非難した。しかし、ギリシャ人は、ヨーロッパ列強からの支援をあきらめなかった。ギリシャ人は、親ギリシャ主義を逆手にとって、古代ギリシャがヨーロッパ文明に果たした多大なる貢献に対する、今こそが「恩返し」のときであると訴えたのである。「恩返し」を求める、欧米諸国に向けた宣言は数多く出された。それらは、たとえギリシャ人内部が対立し、分裂していたときでも、団結したギリシャ人の総意として表明された。

そのひとつの例が、ペロポネソスの名望家ペトロス・マヴロミハリスが、一八二一年四月はじめに、ギリシャ民族の名において、ヨーロッパ列強に宛てて発した以下の宣言である。

……われわれが正義ある聖なる企ての目標を早急に達成し、われわれの諸権利を再び手に入れ、われわれの不幸なる民族を再生させるために、ヨーロッパのすべての文明化された人々からわれわれは助力を求めている。われわれの母なるギリシャは、あなたたちを照らす光であった。これを理由として、ギリシャは、あなたたちの活発な人道的支援を求めるのである。武器、資金、そして助言を、ギリシャはあなたたちから期待しているのである。われわれはあなたたちにギリシャの大いなる感謝を約束しよう。その感謝の気持ちを、ギリシャは、より栄えるだろう未来において、行動によって証明することになるだろう。

列強からの支援の必要性に加えて、ギリシャ人指導者たちは、独立戦争の経過のなかで、外国からの国王をいただく、中央集権的な君主制国家の形成が必須であるという考えでも一致するようになった。共和制国家をめざす議論はほとんどなされなかった。彼らは、内部分裂を続ける自分たちギリシャ人を仲介し、地域を超えた規模の政治的統一体をまとめあげるには、ギリシャ人以外の支配者でなければ不可能であると考えたのである。

ギリシャ人が、共和制でなく君主制を志向した背景のひとつには、正統主義を奉じる当時のヨーロッパの状況が色濃く反映している。独立戦争に参加した多くの親ギリシャ主義のヨーロッパからの義勇兵が、ヨーロッパの復古的体制に反感を持っていたのとは対照的に、ギリシャ人指導者たちは、ウィーン体制のヨーロッパに正面切って対峙することはしなかった。彼らにとって重要だったのは、ヨーロッパ諸国出身の国王をいただいた国家を建設する意思を早くから示すことによって、独立戦争へのヨーロッパからの支持――それが結果的には、ギリシャという国家を誕生させ、ウィーン体制を破綻《は たん》させる契機になるとしても――を確実にしたいという思いがあった。一見奇妙なことであるが、列強に依存する態度を明確にし、外国からの国王招聘《しょうへい》の願いを示すことこそが、ギリシャ軍に一体感をもたらしたといえる。

ギリシャ人が君主制を好ましいと見なす傾向は、独立戦争以前の、ギリシャ啓蒙主義を牽引した知識人たちの言説までさかのぼることもできる。その言説から明らかなのは、ギリシャ人のような、長いあいだ隷属状態にあった民族にとって、君主を欠いた国家体制は不適切だと彼らが考えていたことである。ギリシャ人知識人たちは、アメリカ合衆国の共和政体を、最も優れたものであると評価してはいた。しかし、それは当時の世界では例外中の例外であると見なされた。ギリシャ人のような政治的に未熟な民族は、自分たちの先頭にたち、強力に保護してくれる君主を必要とすると考えていたのである。ギリシャ人知識人たちの多くは、急進的ジャコバン支配に移行する以前の、フランス革命初期の政治イデオロギーの影響を強く受けていた。したがって、人民主権と法による統治を保証した、立憲君主制の国家を志向していた。

ウィーン体制崩壊へ

独立戦争開始以来、内部の分裂や対立の問題を抱え、内戦を繰り返しながらも、オスマン軍に完全に鎮圧されることなく、ギリシャ軍は戦争をつづけていた。しかし、一八二四年、宗主国であるオスマン帝国からの命令にしたがってエジプト軍が参戦したことにより、ギリシャ軍は窮地に陥った。中央政府が管轄する軍隊だけでは、ギリシャ人の反乱をもはや抑えることができないと悟ったオスマン帝国当局は、フランス風に訓練された近代的陸軍と強大な海軍を擁する、エジプト総督ムハンマド・アリーの協力を必要としたのである。帝国軍への協力は、ムハンマド・アリーの側に利益をもたらすものでもあった。ギリシャ人の反乱のために途絶してしまっていたエジプトのエーゲ海貿易を再開させられるだけでなく、「恩を売る」ことによって、帝国当局への影響力を強めることができるだろう、と考えられたのである。何より、参戦自体が、ムハンマド・アリーの最大の目的であった、オスマン帝国領シリアの獲得を、将来有利に進めることにつながると考えられたのである。ムハンマドの息子イブラーヒームが指揮するエジプト軍は、クレタ島を根城に、一八二五年春、ペロポネソス半島の南端から上陸を開始し、ギリシャ軍が占領した地域を次々と奪回していった。

この状況のなかで、ギリシャ暫定政府は、一八二五年七月、イギリス政府に対して、ギリシャ民族の独立に関して、全面的にイギリスを信頼して自分たちの未来をゆだねるという文書を送付した。ギリシャの問題にイギリスが介入すれば、ヨーロッパ政治に混乱をもたらすことは必至だったため、イギリス政府はこれを拒絶した。この年の年末から、イブラーヒームの軍はメソロンギを包囲し、ギリシャ軍に対する圧力を強めた。バイロンが最期を迎えたことでヨーロッパにその名を知られたメソロンギは、一八二六年四月、ついにオスマン・エジプト軍の手に落ちた。五年持ちこたえたギリシャ人の独立戦争も、望みを断たれたかに思われた。

ギリシャ人側にとって幸いなことに、この頃になって、不介入の姿勢を貫いてきた列強の態度に、変化が見られるようになった。ウィーン体制崩壊の第一歩は、ヨーロッパ列強の足並みの乱れからはじまった。一八二五年一二月には、神聖同盟の発起人であり、ヨーロッパの現状維持に固執したロシア皇帝アレクサンドル一世が亡くなり、好戦的で知られる、ニコライ一世が新たな皇帝として即位した。彼は、戦争を回避しようとするメッテルニヒの助言には耳を貸さないだろうと、列強は見た。一八二二年以来イギリスの外相を務めていた自由主義者のカニングは、イギリスの政治や経済上の優位を制限するウィーン体制の縛りから、自国を切り離したいと考えていた。ギリシャ軍とオスマン軍との数年にわたる戦闘は、列強の東地中海における交易に莫大な損害をもたらしていた。カニングは、親ギリシャ主義者ではなかったが、イギリス経済の点からも、中立の立場を放棄して、ギリシャ独立戦争に関与することが国益につながると考えるようになった。彼は、ニコライ一世のロシアが先手を打って、オスマン帝国に対して単独で行動を起こし、ギリシャ軍とオスマン軍の戦争を自国の利益のために利用するのではないかという疑心暗鬼に駆られるようになっていた。そのような状況を背景に、イギリスはロシアと組んで、事態収拾をはかる策に出たのだった。

終戦

イギリスとロシアは、もはやオスマン帝国が完全にギリシャ人の反乱を鎮圧して、一八二一年以前とまったく同じ政治体制の枠組みのなかで、ギリシャ人を被支配民として統治することは不可能であると結論づけた。この二国は、一八二六年四月に調印されたペテルブルグ議定書によって、オスマン帝国に属する自治国ギリシャの建国のための調停役として、ギリシャ独立戦争に正式に介入することとなった。ロシアとイギリスのこの行動に対して、焦りを感じたのはフランスである。東地中海の政治状況に何らかの変化があるならば、そこに権益をもつフランスとしては、自国の影響力が低下することは避けなければならない。一八二七年七月、フランス、イギリス、ロシアの三国は、「ギリシャ和平条約」をロンドンで締結する。和平条約では、前年のペテルブルグ議定書の内容を再確認すると同時に、自治国ギリシャの建設の方法について、より詳細な内容が取り決められた。

和平条約の内容は、以下の四点にまとめられる。(一) イギリス、フランス、ロシアの三国は、休戦の仲介をする。(二) ギリシャ人はスルタンを最高権力者と認め、毎年納税をする一方で、自治が認められる。(三) 国境は、列強と戦闘勢力の間の話し合いによって画定される。(四) 列強は、ギリシャの和平のための活動を今後も継続する。以上である。これにつづく秘密条項で、列強は、オスマン帝国、およびギリシャ軍がこれらの条項に応じない場合は、東地中海に海軍を展開し、武力をもって、これを実行させることが定められた。

この和平条約は、ギリシャ暫定政府も、オスマン帝国当局も、まったく与《あず》かり知らぬところで締結された。カニングが言うところの、列強三国による「平和のための干渉」をさだめた条約の具体的な内容が、ギリシャ暫定政府に提示されたのは、八月半ばを過ぎてからのことであった。このとき、ギリシャ軍の象徴であったアテネのアクロポリスは、すでにイブラーヒームの軍によって攻め落とされていた（一八二七年六月）。九月二日、追いつめられていたギリシャ暫定政府は、列強からの休戦要求に応じた。一方、スルタンは、列強が一致団結することなどありえず、早晩仲間割れするだろうとふんでいた。ヨーロッパ列強の介入がなければ、最終的に勝利を手にするのは自分たちであるという希望的観測を抱いていたスルタンは、露土戦争の口実をつくろうと画策していたロシアのスパイと、オーストリアの後押しも受けて、休戦を拒絶した。オスマン・エジプト軍を実際に指揮していたイブラーヒームと、その父エジプト総督ムハンマド・アリーとは対照的に、オスマン帝国中央政府は、列強の休戦の提案を深刻には受け取らず、こけおどしであると高をくくっていたのである。

列強の提案は、見せかけの脅しではなかった。イギリス、ロシア、フランス三国は、オスマン帝国に休戦要求をのませるために、平和条約の秘密条項にしたがって、軍事力を行使した。一八二七年一〇月二〇日のナヴァリノの海戦で、列強の連合艦隊は、三時間足らずでエジプト・オスマン軍に壊滅的打撃を与えた。列強の連合艦隊は一隻たりとも沈没しなかった。それに対し、オスマン軍の艦隊はすべてが失われ、エジプト艦隊のほとんどが沈没、もしくは焼失した。列強側の死者は一七六人だったが、オスマン・エジプト軍は、八〇〇〇人にのぼる死者を出した。

列強の圧倒的勝利のニュースがギリシャ人に伝わると、村々の教会の鐘は鳴り響き、山々からは歓喜の空砲がつづいた。オスマン・エジプト軍による攻撃で追いつめられていたギリシャ軍は、最後の瞬間に、ヨーロッパ列強の軍事力によって救われた。いまや、列強の手の中にこそ、ギリシャ人の運命が完全に握られることとなった。

ナヴァリノの海戦で敗れたあとも、オスマン軍はギリシャ軍との戦いを継続し、休戦の提案になかなか応じようとはしなかった。しかし、一八二八年四月にロシアがオスマン帝国に宣戦し、八月に帝国の首都イスタンブルに迫るにいたって、スルタンはようやく譲歩の姿勢を見せた。同年九月、ロシアとオスマン帝国間で締結されたアドリアノープル条約によって、スルタンは、列強が提案したギリシャの自治国化を承認したのだった。

3　国境の画定と国王の選出

ヨーロッパ列強の勢力均衡を保つためには、オスマン帝国は「瀕死の病人」として、ヨーロッパに依存する隣人のまま留まることが好ましいと考えられた。したがって、イギリス、ロシア、フランスは、ギリシャ独立戦争に介入したものの、一八二七年の和平条約から明らかなように、当初は、ギリシャをオスマン帝国内の自治国の地位に置こうとしたのである。しかし、最終的には、列強はギリシャの完全独立を認めることとなった。この背景には何があったのだろうか。

ナヴァリノの海戦ののち、ロシアとフランスは、着々と東地中海における影響力を取り戻しつつあった。一方、ウェリントン首相のイギリス政府は、ギリシャ問題も含めた東地中海政策の指針を明確にできないままでいた。伝統的に、イギリスは、ロシアの影響力が増大することを常に恐れていた。どんなかたちであれ、ギリシャが国というかたちで生み出されるならば、同じ正教を信じるロシアが、保護を口実に積極的にギリシャ人に手を差し伸べることは間違いないと、イギリスは見なしていた。加えて、イギリスの東地中海政策の要だった保護領イオニア諸島と、新生ギリシャ国家の境界線が近接することは好ましくないと考えていた。したがって、ウェリントンは、ギリシャの完全独立には反対し、自治国ギリシャの領土を、できるだけ狭い範囲——ペロポネソス半島とキクラデス諸島——に限定しようとしていた。フランスは、イギリスの思惑とは反対に、オスマン帝国による支配を終わらせて、バルカン半島南部に独立国ギリシャを建国し、フランスの国益のために利用するのも悪くないと考えるようになっていた。一八二八年四月にオスマン帝国との戦争に突入した当時のロシアにとっては、ギリシャの独立など関心の外にあった。ロシアの軍事行動は、一八世紀以来の露土戦争と同様、オスマン帝国領に対する政治、通商上の影響力を拡大しようとする野心に基づいているだけだった。

しかし、この露土戦争におけるロシアの勝利が決定打となって、ギリシャの完全独立の道が開かれていった。ここにいたって、イギリスのウェリントンも、ウィーン体制の立役者メッテルニヒでさえも、東地中海における列強の勢力均衡を維持し、戦争を回避するための最善の解決策は、独立ギリシャ国家の建国であるという結論に達した。ギリシャがオスマン帝国内の属国として留まることは、かえってロシアに介入の余地を与えることになると確信したのである。この一連の流れが、一八三〇年二月三日に、イギリス、フランス、ロシアによって調印されたロンドン議定書に結実した。この文書の第一項で、歴史上初めて「ギリシャ」が、政治的な意味をもつ、ひとつの独立した単位であるとの認識が示され、ギリシャの完全独立が宣言されたのである。「ギリシャは、独立国を形成し、完全独立に付随する、政治・行政・通商上のすべての権利を享受することになるであろう」。この議定書の作成にあたって、ギリシャ暫定政府とのあいだで事前の協議がなされることは一切なかった。議定書の内容がギリシャ側に正式に伝えられたのは、同年四月八日になってからのことである。

一八二七年に列強の介入がはじまり、その主導により、完全独立への地固めがなされていった一方で、ギリシャ側の内部分裂はやむことがなかった。一八二七年のはじめには、対立するふたつの派閥が、別々に議会を開催していた。親ギリシャ主義者のイギリス人軍人リチャード・チャーチの辛抱強い仲介が功を奏して、同年四月、トリジナ（古代のトロイゼン）に両派閥が集結し、合同の議会が開催された。ようやく介入の姿勢を示しはじめた列強といえども、ギリシャ側が分裂していては、交渉の窓口を持つことができなかった。ギリシャ人は、ひとつの政府のもとにまとまらなくてはならなかった。その政府の筆頭には、列強が納得し、列強の代表と対等に渡り合える人物が就くことが望まれた。トリジナの議会で、初代大統領として選出されたのは、イオアニス・カポディストリアスだった。

初代大統領カポディストリアス

カポディストリアスは、ヴェネツィア支配下のイオニア諸島のコルフ島――イオニア諸島は一三八六年から一七九七年までヴェネツィア共和国領だった――生まれのギリシャ人だった。彼の家は、ヴェネツィア支配時代からの貴族で、伝統的に島の政治にかかわってきた。

イオニア諸島は、一七九七年、ナポレオンのフランス軍の占領下におかれた後、東地中海の覇権掌握をめぐる列強の争いに巻き込まれた。妥協の結果生まれたイオニア七島共和国（一八〇〇－〇七年）では、オスマン帝国が宗主権、ロシア帝国が保護権を有したものの、限定的ではあるが政治的な自治が、近代のギリシャ人に初めて認められることとなった。カポディストリアスは、イタリアのパドヴァで医学を修めたのち、この共和国の国務大臣となった。その後彼は、ロシアの外交部に勤務した。ナポレオン戦争後のスイスの処理（一八一三－一四年）を上首尾になすことによって、皇帝アレクサンドル一世の信頼を徐々に勝ち得、ウィーン会議では、皇帝の右腕としてロシア代表団に加わった。一八一六年、三九歳のとき、主に東地中海地域の担当として、ネッセルローデとともに外務大臣の職に就いた。ギリシャ独立戦争が勃発すると、皇帝のもとを辞し、自分がそれまで築きあげてきたヨーロッパ外交での人脈を利用して、ギリシャ軍が戦闘を継続するための資金集めに奔走し、列強がギリシャへの関心を持ちつづけるよう心を砕いたりしていた。

イオアニス・カポディストリアス（1776–1831）

彼が、ギリシャの初代大統領に選出された理由のひとつは、以上のような国際政治の表舞台での経験を持つ、列強の政治指導者や外交官の間で当時唯一名が知られたギリシャ人だった点にある。さらには、カポディストリアスが、ギリシャ軍の指導者とは一線を画して、戦闘地域には一切入らずに、ヨーロッパを中心に独自に独立戦争の支援を展開していたことが挙げられる。彼は、ギリシャ側の特定の集団や派閥と個人的なつながりを持つことを嫌った。彼のこの中立的な態度は、ヨーロッパ列強のみならず、内部対立を抱えたギリシャ人にとっても、大統領職にふさわしいと考えられた。たしかに、ロシアの外交官としてのカポディストリアスの経歴は、イギリスやフランスが、彼を「ロシアの手先」と見なすのにもっともな根拠となりえた。しかし、彼が直接仕えた皇帝アレクサンドル一世は一八二五年には亡くなっており、そのイメージも列強の間で払拭されつつあった。カポディストリアスは、上述のナヴァリノの海戦ののち、一八二八年一月、イギリス船に乗り、ロシアとフランスの船に伴われてギリシャの地に降り立ち、ペロポネソス半島のナフプリオンに政府を置く、任期七年の大統領職に就いた。

カポディストリアスが大統領に就任した時点で、ギリシャ問題について列強の間で合意されていたのは、オスマン帝国の属国として、ギリシャ人の自治国を建国するということだった。そのギリシャ人の国となる領域は、まだ最終決定にはいたっておらず、流動的だった。大統領となったカポディストリアスにとって、まず重要と考えられたことは、新生ギリシャ国家が、できるだけ広大な領土を持つことだった。狭小な国土では、国家が将来にわたって存続し、自律的に発展していくことは不可能であると考えたのである。

国境線の画定は、君主の選定とも密接にかかわっていた。前述のように、ギリシャ人指導者たちは、独立戦争開始当初から、外国から君主を迎える意志があることを明確に示していた。イギリス、フランス、ロシアは、君主の選出に関して、これら三国の王室の候補を外すことで合意していた。ギリシャの君主がそれら列強のうちのひとつの王室との関係を持つことで、ギリシャへの影響力を過度に増大させ、列強の勢力均衡を壊すことが懸念されたのである。

ギリシャの君主と領土

ギリシャの完全独立を定めた一八三〇年二月のロンドン議定書によって、ギリシャは、ペロポネソス半島と、ステレア・エラダのアスプロポタモス川とラミアを結ぶ線を北限とするラインまでの地域を領有することが定められた。君主には、七名の候補の中から、イギリス、フランス、ロシアの話し合いによって、サクス・コーブルク家のレオポルドが選出された。レオポルドは、イギリス国王ジョージ四世の亡き一人娘シャルロットの元夫であり、そのためイギリス王室とのつながりはあったが、イギリスの王位継承権リストに含まれないことが正式に宣言されていた。空想好きでロマン主義的な傾向を持った親ギリシャ主義者のレオポルドは、ギリシャ独立戦争に当初から興味を抱いており、その大義のために金銭的な寄付をしていたし、なにより彼自身がギリシャの王となることを望んでいた。ギリシャ人も彼が国王となることに異論はなかった。しかしながらレオポルドは、一八三〇年五月に辞退の意を表明する。独立ギリシャに与えられる国土の狭さに、彼が不満を持っていたことが理由のひとつである。レオポルドは、カポディストリアス同様、すでにギリシャ軍が占領している、アルタとヴォロスを結ぶラインが北の国境とされることを期待していた。しかし列強は、二月のロンドン議定書で定められた国境線を無条件に受け入れることを、レオポルドに要求した。ギリシャ国王を辞退したレオポルドは、一八三〇年のフランス七月革命の余波によるベルギー革命の結果誕生した、独立国家ベルギーの君主となった。

フランス七月革命とベルギー革命が勃発すると、列強の関心は、しばしの間そちらに移った。そのため、レオポルド辞退後のギリシャの君主選びの作業は先延ばしされた。ギリシャ側にとって幸いだったのは、その間に、イギリスで政権交代が起こったことである。ウェリントン政府を引き継いだグレイ政府の外相パーマストンは、ギリシャ寄りの姿勢を見せた。フランスの親ギリシャ主義者であった外相セバスティアニによる、パーマストンへの助言もあって、ギリシャの国境線が再考されることとなった。その結果、カポディストリアスやレオポルドが望んだように、アルタ・ヴォロス線まで北限が拡大されることとなった。君主には、親ギリシャ主義者で知られたバイエルン王ルートヴィヒの次男のオットー（ギリシャ名オトン）が選出された。一八三二年五月のロンドン会議で、イギリス、フランス、ロシアとバイエルンの間の調印にいたり、国境と君主が最終的に確認された。この結果、イギリス、フランス、ロシアを保護国とし、当時一七歳のオットーを国王とするギリシャ国家が成立した。

レオポルドの辞退から、オットーの選出までの二年間、カポディストリアスのもとで国づくりが順調に進んでいたわけではなかった。カポディストリアスは、最終的な国境と国王選出を知ることなく、一八三一年一〇月、志半ばで命を落とした。カポディストリアスの大統領就任後も、ギリシャ人の党派的対立は相も変わらずつづいていた。彼は、そのような状況を政治的に未熟なものとみなし、独立戦争の指導者層をできるだけ権力の中枢から遠ざけ、派閥色のない人物や外国人を好んで登用して、独立ギリシャの第一歩を踏み出そうとしていた。その結果、カポディストリアス

国王オトン（1815-67）

は、旧来の指導者層のなかに多くの政敵をつくってしまった。ペロポネソスの名望家ペトロス・マヴロミハリスはその一人だった。日曜礼拝のために教会に向かっていたカポディストリアスは、マヴロミハリスの一族の者たちに短剣で腹を刺され、ピストルで後頭部を撃ち抜かれ即死した。

未熟な非文明国

初代大統領を、ギリシャ人みずからの手で殺《あや》めた事実は、ギリシャ人が独立国家の建設に民族一体となって取り組もうとする段階に達していなかったことを暗示している。結局のところ、独立戦争の最初から最後まで分裂と対立を繰り返し、オスマン帝国時代の地域主義を軸とする、個人や派閥の利益を優先させる伝統的な価値観のなかで独立戦争を戦い、その価値観を、近代的な国民国家の価値観へと転換する間もなく、列強のご都合主義に助けられて、ギリシャ人は独立を果たしたのだった。

独立戦争に参加したクレフテス出身のイオアニス・マクリヤニスは、後年回想録を出版した（一八五一年）。彼は、近代的な国家がどういうものであるのか、それを構成する民族とは、国民とはどうあるべきなのかを、独立戦争中徐々に理解した数少ないギリシャ人のひとりだった。彼は、独立戦争の過程で、ギリシャ人内部の対立によりどれだけの同胞の血が流れたかを指摘し、回想録の終章で、ギリシャ人読者に呼びかけた。「人が、どういうときに『私は』と言うか知っているか。何かを創造しようと、何かを破壊しようと、彼がたったひとりで戦ってきたとき、彼は『私は』と言うことができる。しかし、多くの人たちが戦い、創造したとき、彼らには『私たちは』と言わしめなければなるまい。私たちは、『私は』ではなく、『私たちは』と言うべきときにいるのだ。将来に向かって、国家を創造し、私たちがともに暮らすことを望むならば、賢明さを学ぼうではないか」。このとき、すでに独立国家が建設されて、二〇年の時が流れていた。マクリヤニスのこの言葉は、それだけの時を経てもなお、「私たち」、すなわち「ギリシャ国民」という意識が、ギリシャ国家のギリシャ人の間で十分に共有されていなかったことを物語っている。

イスラーム教徒の支配から解放され、自分たちの国家を手にしたことによって、ギリシャは、ヨーロッパやアメリカの親ギリシャ主義者たちが期待したような再生を果たし、すぐさまヨーロッパのキリスト教「文明」国の仲間入りを果たすことができたのだろうか。答えは否である。独立国家成立後、ギリシャに足を踏み入れた欧米人が目にしたギリシャ人のふるまいは、彼らが崇拝する古代ギリシャ人と、近代ギリシャ人との隔たりを強く印象づける結果をもたらした。独立戦争中にみられた親ギリシャ主義的言説は影をひそめた。反対に、近代ギリシャ人の中にオリエント的なさもしさと身勝手さを見出し、「文明」とは程遠い、彼らの「野蛮さ」を嘲笑・批判する意見が相次いだ。

フランス人小説家・ジャーナリストのエドモンド・アブーは、著書『今日のギリシャ』（一八五五年）で、あからさまなギリシャ人批判を展開した。彼は、「ギリシャ人にとって、自由を愛するということは、法律、そして正規のすべての権力を軽蔑することと結びついている。ギリシャ人にとって、平等の尊重は、しばしば自分よりすぐれている者に対する激しい嫉妬心から生まれている」と述べた。彼は、ギリシャ人のなかに遵法精神の欠如と粗野な性格を見出し、ギリシャ人は世界で最も節操のない未熟な国民であると指摘した。

独立戦争中の親ギリシャ主義者は、クレフテス出身のギリシャ人武装勢力を、近代に蘇ったヘラクレスやアキレウスであり、ギリシャ民族の英雄であるとしてしばしば称賛した。それとは対照的に、独立国家成立後も根絶されることなく跋扈《ばっこ》したクレフテスは、欧米人にとっては、近代文明社会を脅かす犯罪者であり、ギリシャの後進性の証となった。一八七〇年春、イギリス人とイタリア人のグループが、マラソン村への遠足の途中、クレフテスに誘拐され殺害される事件が起った。身代金の受け渡しをめぐっては、クレフテスとギリシャ人政治家の影の密接な関係も明らかとなった。この事件はヨーロッパ外交を揺るがす事態に発展し、ヨーロッパの文明国の一員と見なすには程遠い、「非文明国」ギリシャの政治や社会のありかたが非難された。

ギリシャの独立によって、即座に「ギリシャ国民」が生み出されたわけでもなく、オスマン帝国支配期に根付いていた価値観や生活・思考様式が跡形もなく消失して、ヨーロッパ型の近代的な社会にスムーズに移行したわけでもなかった。親ギリシャ主義者の期待したような、栄光の古代ギリシャの再興が実現されることはなかった。「ギリシャ国民」の創造と国の近代化は、ギリシャ国家の誕生後、ゆっくりとその歩みをはじめることになる。ギリシャの独立は、ヨーロッパ的近代に寄り添いつつも、ヨーロッパとは異なる歴史を持つ近代ギリシャ人としてのアイデンティティを独自に構築しようとする、長い苦闘に満ちた道のりのはじまりだった。

第二章　コンスタンティノープル獲得の夢（一八三四 - 一九二三）

1　夢見るギリシャ人

バイエルン王家からのオットーが、国王オトンとして即位してから二年後の、一八三四年一二月、ギリシャ王国の首都が、独立戦争期に首都とされたペロポネソス半島のナフプリオンからアテネに遷《うつ》された。オスマン帝国時代のアテネは、政治・経済的にも、文化的にも重要でない、人口わずか一万二〇〇〇人の田舎町に過ぎなかった。しかし、ヨーロッパ人にとって、栄光の古代ギリシャ世界を象徴するアテネは、他の都市には代えがたい魅力を持っていた。ヨーロッパの親ギリシャ主義の立場からは、アテネを新生ギリシャの首都にすることは至極当然のことのように思われた。国王オトンにバイエルンから随行した摂政団のひとりゲオルク・ルートヴィヒ・フォン・マウラーの次の言葉には、ヨーロッパの古代崇拝の精神が明らかに読み取れる。「アッティカの文明、芸術、科学、不朽の戦功といったすべての記憶は、アテネに名誉を与えたのだった……自分の政府のために、世界の知の中心であるアテネ以外の別の場所を選ぶ国王などいるだろうか？」

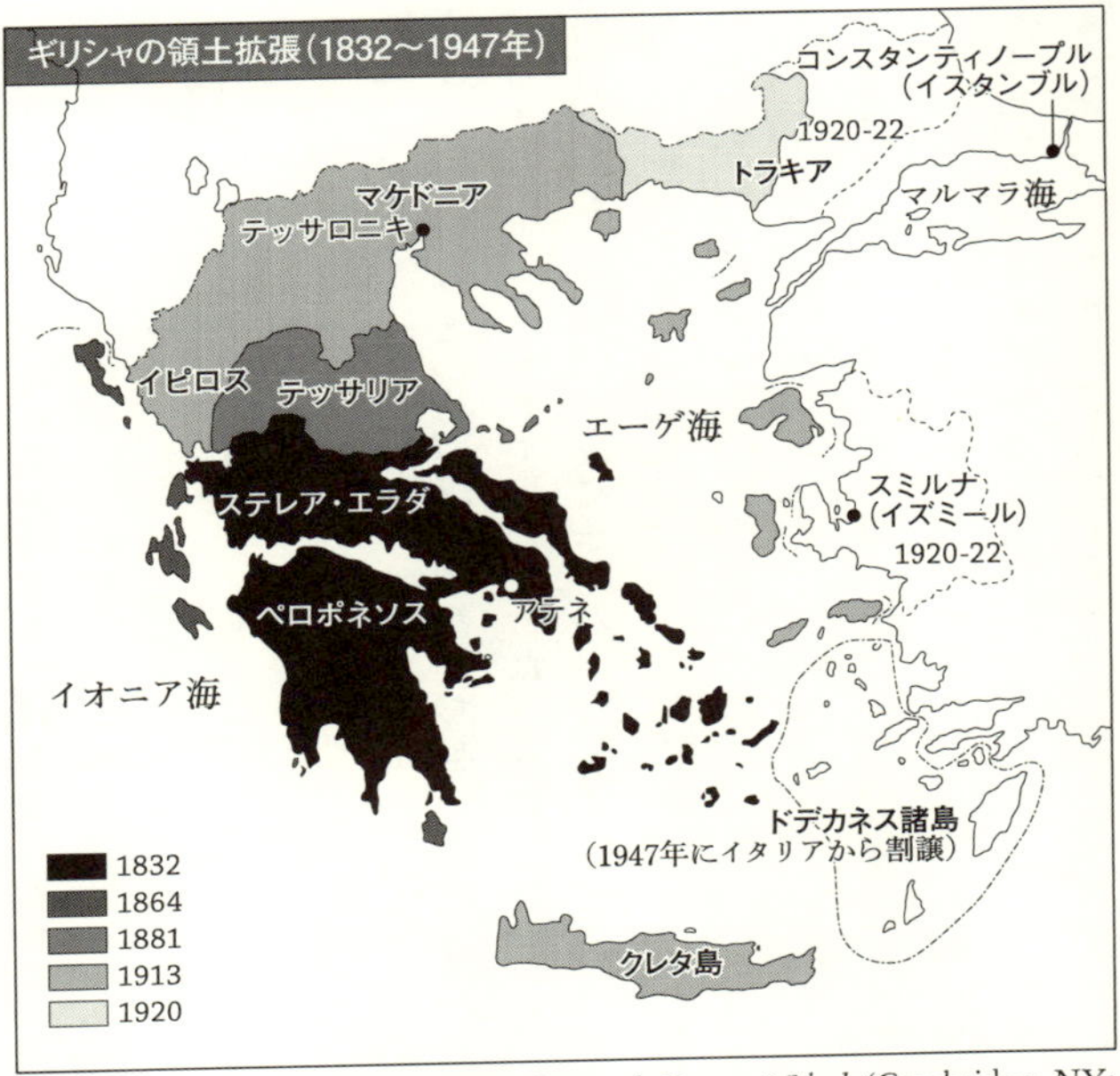

（出典）Richard Clogg, *A Concise History of Greece*, 2 *nd ed.* (Cambridge; NY: Cambridge University Press, 2002）より作成

ヨーロッパ人には、アテネを首都に選定することは当然だと考えられた。しかし、ギリシャ人のあいだでは、ギリシャの首都をどこにするかをめぐって、熱い議論が闘わされることになった。

すでに序章でみたように、独立当初のギリシャでは、古代ギリシャ世界との絆が強調されていた。ギリシャ人の国家を建設しようと考えた人々は、古代ギリシャ世界に、自分たちのアイデンティティを支える重要な要素を見いだしていたのである。ただし、ギリシャ人のアイデンティティを支えたもうひとつの要素、すなわちビザンツ世界の伝統を受け継ぐ正教徒としての意識は、けっして衰えるものではなかった。批判の対象としてのビザンツ帝国、崇拝の対象としての古代、という独立前夜に一定の支持を得た図式も、ギリシャ人一般の正教徒としての自己規定を揺るがすことはなかった。その正教徒としての意識のゆえに、ギリシャ人は、アテネに首都を置くことをためらったのである。

有力な政治家だったイオアニス・コレッティスは、アテネへの遷都直前に、公式の首都を持たないことを提案した。彼によれば、当時、ギリシャ領には含まれていなかったオスマン帝国の首都イスタンブル、すなわち、かつてのビザンツ帝国の首都コンスタンティノープルこそが、ギリシャの首都にふさわしいとされた。ギリシャ人は、必ずやコンスタンティノープルを獲得できるであろう。そのときまで、首都の決定も含めた国家にかかわるあらゆる事項は、暫定的なものでしかない。そのように彼は主張したのである。

コレッティスの主張は、多くのギリシャ人にとって、目新しいものではなかった。古代ギリシャ文明がヨーロッパに与える、政治・文化的な重要性を、今や十分に熟知していたギリシャ人は、ギリシャ王国の首都をアテネに置くことが、ギリシャ民族の復興を世界に向かって印象づける「宣伝材料」として有効であることは認めていた。しかし、それはあくまで一時しのぎの策である。ギリシャ人の国家にとっての真の首都は、「ボスポラス海峡で囚われの身」となっているコンスタンティノープルであると、ギリシャ人は見なしていたのである。(以後の記述ではイスタンブルについてコンスタンティノープルの呼称を用いる)

そのようなギリシャ人一般の心性は、独立直後のギリシャ王国で時に表面化した。一八三八年に初めて開催された、独立戦争記念日(三月二五日)の祝典で、「コンスタンティノープルへ！」というスローガンが、急速に人々のあいだに広まった。翌年、オスマン帝国のスルタン・マフムト二世が死去したとき、王国のギリシャ人は、その領土をギリシャが継承することになるのではと期待した。実際、国王オトンは、コンスタンティノープルで皇帝として戴冠されるために、そこへ向かう準備を整えた。伝えられるところによると、王国が所有する唯一の船が修理中だったために、国王はコンスタンティノープル行きを断念せざるを得なかったという。

コンスタンティノープルを獲得するという夢は、さまざまなギリシャ人の想像力をかきたてた。文学者・外交官のアレクサンドロス・リゾス・ランガヴィスは、一八三九年にコンスタンティノープルに赴いた。その時、オスマン帝国の首都がギリシャ人のものとなったとしたら、目にしているこれらの公共建築物がどのように使用されることになるか想像を膨らませたものだったと、後年回想している。辞書編纂で知られる知識人ステファノス・クマヌディスは、一八八六年にこう書き記した。「当時［一八四〇年］、われわれは、アテネのことはまったく考えず、ただただコンスタンティノープルのことを思って、オスマン帝国領をわれわれが確実に手にできると考えていた」。

ギリシャ人がこのような考えを抱くにいたった背景のひとつには、古代ギリシャを崇拝し、それとの比較でギリシャ王国を何かと批判する、ヨーロッパ人のまなざしへの反発があった。ギリシャ人は、古代ギリシャの価値観から離れ、自分たちにとってより身近なビザンツ帝国の歴史の記憶に目を向け、近代ギリシャ人独自のアイデンティティの源を見出そうとしていたのである。

コンスタンティノープルを取り戻せ

ギリシャ人は、より現実的な問題にも直面していた。一八三二年に列強が画定したギリシャ王国の領土に、多くのギリシャ人は満足していなかったのである。王国領にふくまれていたのは、ペロポネソス半島とアッティカ地方とその周辺、そしてエーゲ海のいくつかの島にすぎなかった。この狭小な部分に、すべてのギリシャ人がまとまって住んでいたわけではない。王国内のギリシャ人はおよそ八〇万人にのぼった。しかし、そのギリシャ人人口の三倍以上のギリシャ人が、エーゲ海の島々、バルカン半島北部から小アジアまでのオスマン帝国領、そしてイギリス統治下のイオニア諸島に存在していた。しかも、ギリシャ王国とされた領域は、オスマン帝国時代には、ギリシャ人の社会・経済・文化活動の面から見た場合、取るに足らないところだった。一方、いまだオスマン帝国領である、バルカン半島北部のモルドヴァ・ワラキア両公国、小アジア西岸、そして何よりコンスタンティノープルこそが、ギリシャ人の活動がめざましい「ヘレニズムの中心地」だったのである。現存のギリシャ王国の領土は一時の仮住まいであり、したがってその首都アテネも恒久的なものではない。ギリシャ王国は、すべてのギリシャ人を包摂して、政治的に統合するために領土を拡張しなくてはならない。このようにギリシャ人は考えたのである。

この考えは「メガリ・イデア」と呼ばれた。「メガリ・イデア」は、一九世紀から二〇世紀はじめまで、コンスタンティノープルを首都とするギリシャ国家の実現をめざした、ギリシャの領土拡張運動を支えるイデオロギーとなった。

「メガリ・イデア」に基づく、ギリシャ人の壮大な企てが、正式な形で最初に表明されたのは、前出のコレッティスによる、一八四四年の憲法制定議会での演説であると言われている。彼は次のように述べた。

ギリシャ王国は、ギリシャのすべてではなく、最も小さく、最も貧しい一部分にすぎない。したがって、ギリシャの土地の者（アフトフソネス）とは、王国領に住まう者だけではなく、イオアニナ、テッサリア、セレス、アドリアノープル、コンスタンティノープル、トレビゾンド、クレタ島、サモス島といった、歴史的、民族的見地からギリシャ的と見なされる土地のすべての住民のことである。「ギリシャ人の解放のための」戦いは、一八二一年にはじまったのではない。それは、コンスタンティノープルが「オスマン軍の手によって」陥落した翌日から始まっていた。「自由を求める」戦士たちは、一八二一年の戦士たちだけではなかったのである。戦士たちは、四〇〇年のあいだ、オスマン帝国に対する戦いを常につづけてきたし、現在もつづけているのである。

コレッティスは、この演説で、オスマン帝国の支配下にある「歴史的、民族的見地からギリシャ的と見なされる土地」を列挙し、そこに住まう人々と王国のギリシャ人たちは、同胞であると明確に述べた。そして、王国外の同胞と王国のギリシャ人が、ひとつの国家のもとに統合されることによって、はじめてギリシャ人の解放戦争は終止符を打つのだとの認識を示した。

同じ演説で、コレッティスは、ギリシャ王国の領土拡張は、東方を「文明化」する使命がその意味合いとして含まれることを暗示した。「ギリシャは、自らが滅びることによって、西方に光をもたらしたように、再生することによって、東方を啓蒙するように運命づけられているのだ」。彼はこのように述べて、中世のギリシャ人知識人が、ビザンツ帝国の滅亡を前にして西ヨーロッパに逃れ、ルネサンスという文化運動の発展に大きな貢献をしたように、近代のギリシャ人は、東方の地でギリシャの領土を拡張し、そこに住まう人々をギリシャ文化圏に組み入れることで、近代的な文明へと彼らを教え導く役割を担わされているのだと主張したのである。この発言の中には、オスマン帝国の正教徒のあいだで圧倒的に優越していた、ギリシャ語による教育とギリシャの知的伝統に対する強烈な自信が読み取れる。このようなギリシャ文化至上主義の態度は、ギリシャ人が、オスマン帝国の他の民族の独自性を無視する姿勢につながっていった。

「模範的な王国」か「十字軍」か

「メガリ・イデア」は、ともすれば分裂しがちな王国のギリシャ人たちを結束させ、ギリシャ人のアイデンティティを強固にする役割を果たした。一八七〇年代にアテネに暮らしたアメリカ合衆国大使タッカーマンは、「メガリ・イデア」がギリシャ人一般に大きな影響力を与えていることを看取した。ギリシャ人は、歯の生えてこない乳児期に母乳を口にすることで「メガリ・イデア」を吸いこみ、それは彼らの頭と心を構成するひとつの要素となっている、と彼は評した。タッカーマンの観察によると、ギリシャ人は、表向きはうんざりした様子をみせたり、絶望感を露わにして、「メガリ・イデア」は荒唐無稽な夢であると言い、外国人たちから沸き起こる軽蔑的な笑いに同調する。ところが彼らは、実際に実現できるかどうかは別として、心の奥底では、自分たちの政治的、宗教的信念を成り立たせている根本的な原則として、「メガリ・イデア」を抱きつづけているというのである。

一九世紀のギリシャ王国では、王国の現状と「メガリ・イデア」遂行との関係をめぐって、広く議論がなされた。見解は大きくふたつに分かれた。第一の立場は、ギリシャは、ヨーロッパの新興国として、「模範的な王国」を建設することで、将来的に領土拡張の実現をめざすというものだった。ここでいう「模範的な王国」とは、オスマン帝国を含めた近隣諸国と友好関係を築き、社会・経済的に豊かな、ヨーロッパ型の近代国家となるために内政に専心する国家だった。「模範的な王国」を追求することによって、現在のギリシャ王国は繁栄と平和を謳歌するだろう。その結果、王国は、オスマン帝国内のギリシャ人同胞の忠誠を勝ち取ることが可能となるばかりでなく、ヨーロッパ列強の心も摑むことができるに違いない。向う見ずな戦争に訴えるのではなく、まずは国内の基礎固めを通して国際社会の信頼を得てこそ、「メガリ・イデア」実現に向けて一歩近づくことになると主張された。この立場を代表する人物は、一九世紀最後の四半世紀を代表する政治家ハリラオス・トリクピスである。ヨーロッパ型の自由主義を標榜した彼は、政治、行政、財政分野の改革、国内インフラの整備に情熱を傾けた。

第二の立場は、それとは正反対の見解を展開した。王国の狭小な国土こそが、経済の自律的発展と行政の効率化を妨げ、ギリシャの近代化の道を閉ざしているというものだった。後進性を克服するためには、いつでも可能なときに、あらゆる人的・物的資源を動員して、武力によって領土を拡張し、ギリシャ人をひとつの国家のもとに統合しなくてはならない。ギリシャ民族の総体をひとりの人間に例えるなら、王国の現状は、そこから切り離された体の一部分にすぎない。王国のギリシャ人は、国家として健全に発展するためにも、いまだ国境外に残されたギリシャ人同胞を救うための「十字軍」を敢行しなくてはならない。トリクピスの政敵テオドロス・ディリヤニスが、この立場を代表した。

実際のところ、「メガリ・イデア」を掲げて、ギリシャ王国領の拡張を実現するには、軍事力を行使するのが最短最速の方法だった。しかし、ギリシャの軍事力はあまりに弱体だった。イギリス、フランス、ロシアをはじめ、ドイツ、オーストリアといったヨーロッパ列強は、そのようなギリシャの領土拡張の企てには冷淡な態度を示した。列強それぞれがみずからの国益のために、バルカン半島や東地中海に影響力を及ぼそうと、激しく競争している状況下で、小国ギリシャの「メガリ・イデア」など愚にもつかないと考えていたのである。ロシア皇帝アレクサンドル二世は、一八七五年に、フランス大使にこう言った。「ロシアは、ビザンツ帝国の建国、すなわちギリシャ帝国の建国など決して許さない。私はこのことをギリシャ人たちの国王［ゲオルギオス一世］にすでに伝えておいた」。

しかし、王国のギリシャ人たちは、「メガリ・イデア」の夢の実現に、少しずつではあるが近づいていった。第一次世界大戦がはじまるまでには、ギリシャ王国は、バルカン半島のテッサリア、イピロス、およびマケドニア、そしてイオニア諸島、クレタ島、エーゲ海のいくつかの島々を領土として獲得した。領土の拡張にともなって、人口も四八〇万人にまで膨れ上がった。ギリシャ王国は、さまざまな形で列強の圧力を受けながらも、領土拡張の野望を決して捨て去ることはなかったのである。

2　拡大する領土

一八五三年にクリミア戦争が勃発したとき、建国以来はじめての領土拡張のチャンスが、ギリシャ王国に到来したように思われた。正教徒の保護者を自認するロシア帝国は、戦争の初期段階では、オスマン帝国に対して圧倒的な強さを見せつけていた。この年は、オスマン帝国によるコンスタンティノープルの陥落から四〇〇年という節目にあたっていた。そのため、ギリシャ王国のギリシャ人たちは、この戦いを「メガリ・イデア」実現の吉兆と受け取ったのである。四〇〇年目にして、ビザンツ帝国復活の機会が訪れたのだと。ロシア帝国が勝利をおさめれば、正教徒であるギリシャ人の領土拡張の願いにも必ずや耳を傾けるであろう。そう思われた。実際、ロシア皇帝ニコライ一世は、「信仰で結ばれた兄弟」すべてに呼びかけて、「正教会の結束」を守るようにとの宣言を発した。王国の人々は、熱狂的にロシアを支持した。国民のナショナリズムの高揚に同調した国王オトンが黙認するなか、オスマン帝国領のイピロス、テッサリア、マケドニア地方に、独立戦争で活躍した武装勢力に率いられた無法者たちが続々と侵入した。彼らは、それらの地域のギリシャ人を扇動し、騒擾《そうじょう》を引き起こした。

イギリスとフランスがオスマン帝国に味方すると、戦いの風向きは逆転した。これら二国は、ロシアに与《くみ》するギリシャ王国からの無法者の活動に非常に憤慨した。ギリシャ王国は、この戦争に介入せずに、中立を保つべきだというのがイギリスとフランスの見解だった。二国は、アテネの外港ピレウスを軍事占領して、すべての無法者たちはオスマン帝国領から撤退して王国に戻るよう迫った。イギリスとフランスの要求を飲む以外に、オトンには選択の余地はなかった。ギリシャ王国の人々は、列強の意向に従わざるを得ない、小国の屈辱を味わうこととなった。

しかし、列強が常にギリシャの領土拡張に敵対的だったわけではない。列強の匙加減ひとつで、ギリシャ王国はさらなる領土を獲得することができた。イオニア諸島とテッサリアの王国領への編入の場合がそうである。

ギリシャ王国は、軍事力を行使することなく、イギリス支配下のイオニア諸島を手に入れた。一八六二年の軍事クーデタで、初代国王オトンが国を追われると、列強は、デンマーク王室から次なる国王を選出した。一八六四年のイオニア諸島のギリシャ王国への併合は、新国王ゲオルギオス一世の即位を祝う、イギリスからの「贈り物」だった。

一八八一年のオスマン帝国領テッサリアのギリシャ王国への併合は、イオニア諸島の場合ほどスムーズにはいかなかった。イオニア諸島が、イギリスとギリシャの二国間のやり取りだったのに対し、テッサリアの併合は、複数のヨーロッパ列強の利害やオスマン帝国の主張が複雑に錯綜していたからである。

一八七七年から七八年の露土戦争後に締結されたサン・ステファノ条約（一八七八年三月）により、オスマン帝国領の黒海沿岸からマケドニアまでを含む、広大な大ブルガリア公国がロシアの後押しを受けて設立された。かつて正教徒の保護者を自認していたロシアは、今や汎スラヴ主義の主導者として、スラヴ民族の国である大ブルガリアを軸に、バルカン半島への影響を強めようとしていたのである。他のヨーロッパ列強は、ロシアの脅威の拡大をすぐさま察知した。特にイギリスとオーストリア＝ハンガリーは条約に反対し、ドイツの宰相ビスマルクの仲介によってベルリン会議（一八七八年六月）が開催された。ブルガリアの領域は大幅に削られ、マケドニアはオスマン帝国の直轄領として再編入された。

会議では、汎スラヴ主義勢力への対抗として、ギリシャ王国の領土修正も考慮の対象とされた。クリミア戦争当時、同じ正教を信じるロシアこそが領土拡張の援護者であるとギリシャ王国では考えられていた。しかし、ロシアの外交政策が汎スラヴ主義に傾斜した今となっては、ロシアは「メガリ・イデア」を阻む最大で最強の敵であるように思われた。ベルリン会議において、オスマン帝国は、ギリシャに領土を割譲するよう促された。ギリシャとオスマン帝国との長引く交渉に、列強が介入し、一八八一年、テッサリアとアルタ周辺のイピロスがギリシャに割譲された。

クレタ島問題

ギリシャ王国は、ベルリン会議の場で、クレタ島の併合も要求した。しかし、列強はまったく聞く耳を持たなかった。クレタは、イスラーム教徒と、ギリシャ人正教徒が共存する島だった。クレタのギリシャ人正教徒は、ギリシャ独立戦争のさなかから、島が独立ギリシャ国家に含まれることを強く望み、オスマン帝国に対する戦いを挑んだ。しかし、ギリシャ王国の最初の領土に含まれることはなかった。クレタは、地政学上、大変重要な場所に位置していた。そのため、列強の勢力均衡を維持するには、クレタはオスマン帝国領にとどまることが望ましいと考えられていた。

オスマン帝国当局は、クレタのギリシャ人正教徒に対して、より広範な信仰の自由を認め、強制労働を免除し、税負担の管理を島民に任せるといった懐柔策をとった。しかし、ギリシャ人正教徒のギリシャ王国への統合をめざす運動を根絶することはできなかった。ギリシャ人正教徒の統合への願いは、一八六〇年代に入ると大規模な蜂起となって爆発した。その背景となる原因はいくつか考えられる。イタリア統一をめざすリソルジメント運動の結果、一八六一年にイタリア王国が成立し、列強がそれを承諾したことが、似たような状況におかれたクレタのギリシャ人を勇気づけた。一八六四年、イギリスからイオニア諸島がギリシャに割譲されたことも、クレタのギリシャ王国への統合の夢を膨らませた。さらには、イスラーム教徒が激減し、ギリシャ人正教徒が増加するという、島の人口構成が大きく変化したことも見逃せない。一八世紀後半には、ギリシャ人正教徒は島の総人口の四分の一に満たなかった。しかし、一九世紀半ばには人口比が逆転し、ギリシャ人正教徒の数はイスラーム教徒の三倍以上にのぼった。

クレタのギリシャ人蜂起は一八六六年八月にはじまり、翌九月には、革命総会が開催されて、クレタのギリシャへの統合が決議された。ギリシャ政府の積極的な支援を受けて、王国から非正規の武装勢力やら志願兵が応援に向かった。武器や資金も王国からクレタに送られた。

しかし、ギリシャの領土拡張の夢が、現実を重視する列強の政治姿勢を動かすことはなかった。ロシアが、クレタのギリシャ人蜂起を口実に、バルカン半島への影響力拡大を画策しているのを敏感に察知するや、イギリスとフランス、そしてオーストリアは、ギリシャ政府に譲歩するよう圧力をかけた。一八六九年、ギリシャ政府はこれに応じた。クレタは、オスマン帝国領に残されたのである。

とはいえ、クレタのギリシャ人蜂起は、まったくの無駄に終わったわけではなかった。ギリシャ人正教徒に譲歩した基本法が定められたのである。トルコ語とならんで、ギリシャ語が公用語となった。一八七八年のベルリン会議で、基本法は、さらにギリシャ人正教徒に有利に修正されたハレパ協定に置きかえられた。正教徒四九名、イスラーム教徒三一名から成る、年に一度の総会が設けられ、島の自治に関連して広範な決定権が付与された。

しかし、一八九〇年代に入ると、ハレパ協定で保障されたさまざまな特権も徐々に侵害されていった。総会も開催されなくなった。イスラーム教徒とギリシャ人正教徒との関係も次第に悪化した。ギリシャ人正教徒の中からは、帝国当局の軍隊や警察を攻撃する者も出はじめた。一八九六年にはいると、ギリシャ王国への統合を求める騒擾は激化した。これに対し、イスラーム教徒住民による正教徒住民の虐殺もおこった。これはやがて蜂起に発展した。

ギリシャ王国では、民族協会（エスニキ・エテリア）に代表される民族主義者の集団が、武器や資金を送ると同時に、非正規軍が共闘のためにクレタに駆けつけた。クレタのギリシャ人は、次々と勝利をおさめた。そのころ、アテネでは第一回近代オリンピックが華々しく開催されていた。一方で、一八九三年に王国は破産状態に陥っており、財政は火の車だった。国民も経済的な苦境にあえいでいた。しかし、クレタ蜂起の幸先のよいはじまりとオリンピック開催の成功で、ギリシャ人のナショナリズムは最高潮に達していた。国民の熱狂に押されて、一八九七年二月はじめ、政府は、艦隊と軍隊とをクレタに向けて送った。軍隊は上陸を果たし、オスマン帝国とギリシャ王国のあいだの緊張は頂点に達した。クレタはギリシャに統合することなく、オスマン帝国宗主権下の自治領とするという列強の提案をギリシャは拒絶した。オスマン帝国とギリシャ王国の戦争はもはや避けられなかった。

ギリシャの大敗北

戦争は、一八九七年の四月半ば、ギリシャ王国の北部国境で始まった。オスマン帝国軍の圧倒的強さの前に、ギリシャ軍は即座に退却を余儀なくされ、三〇日あまりでギリシャの大敗北に終わった。オスマン軍は、ドイツ式に組織され、十分な訓練が施されていた。戦いでは多くのドイツ人将校が参謀に指示を与え、最新の武器をドイツが供給していた。それに対して、ギリシャ軍は、真の意味での戦闘部隊とはいえない代物だった。王国は、「メガリ・イデア」という大きな夢を抱きながらも、近代的な軍隊制度の確立に真剣に取り組んでこなかった。将校は、政治家の口ききによって任命される名誉職のようなものであり、兵卒には十分な武器も、規律の痕跡もないありさまだった。一九世紀末まで、ギリシャの領土拡大の夢の実現は、もっぱら無法者の武装勢力や民族協会のような愛国主義的結社による非正規軍の、旧態依然とした無秩序なゲリラ戦術に託されていたのである。この状態で、オスマン帝国に戦いを挑んだのは、まさに狂気の沙汰としか言いようがなかった。しかし、王国のギリシャ人には、その事実が見えていなかった。民族協会の誇大な宣伝文句に踊らされ、今こそ大勝利を収めて「メガリ・イデア」を実現できると信じて疑わなかったのである。

勝利したオスマン帝国は、一八八一年にギリシャに併合されたテッサリアの返還を求めた。しかし、列強の仲介により、わずかな部分が返還されただけで、ギリシャの領土的損失は最小限にとどまった。一方で、莫大な賠償金を支払うことにもなった。その結果、ギリシャの国家財政は、債権国である列強六国による管理のもとに置かれることになった。

クレタは、一八九八年に帝国内の自治領となった。列強は、自治領の高等弁務官として、ギリシャ国王の第二子ゲオルギオスを選出した。ロシア皇帝ニコライ二世が強く主張したためだった。ニコライ二世が、ゲオルギオスの高等弁務官就任にこだわったのにはわけがあった。ひとつには、自分の親戚にあたるゲオルギオス（ギリシャ王妃オルガは皇帝の父の従妹だった）を任命することで、オスマン帝国に近づいて、中近東への影響力を急速に強めていたドイツを牽制するためだった。さらには、一八九一年の大津事件の恩返しの意味もあった。当時ロシア皇太子だったニコライは、ゲオルギオスを伴って日本を訪問した。暗殺をもくろんだ警察官津田三蔵がニコライに斬りつけたとき、彼を救ったのがゲオルギオスだった。この事件で命拾いした皇帝は、ゲオルギオスに個人的にいたく感謝していたのだった。

大敗北の直後、ギリシャ王国の世論は、クレタ自治領化の決定を、ギリシャとの統合の機会を永遠に封印した「ヘレニズムの分断」であると批判した。しかし、後から振り返れば、オスマン帝国の実質的な支配から脱することとなったこの自治領化は、「メガリ・イデア」実現への大きな前進となった。二〇世紀はじめの蜂起を経て、一九一三年に、クレタ島はギリシャ王国に正式に併合されたのである。

マケドニアをめぐるブルガリアとの戦い

クレタ同様に、「メガリ・イデア」の目標とされたのが、北部国境の向こうに横たわるマケドニアだった。マケドニアは、バルカン半島、そして東地中海地域において、最も重要な地域のひとつだった。地理的にみて、マケドニアは、バルカン半島および中央ヨーロッパにいたる入口であると同時に、ヨーロッパとアジアを結ぶ主要な交通路に位置していた。肥沃な大地を擁し、東地中海地域の重要な港湾商業都市テッサロニキもあった。

このマケドニアには、宗教、言語的に、さまざまに異なる民族集団が共生していた。ギリシャ語、ブルガリア語やセルビア語といったスラヴ語、ルーマニア語に近いヴラヒ語、アルバニア語等を母語とする正教徒たちがいた。イスラーム教徒でもトルコ語、アルバニア語を話す者たちがいた。テッサロニキで最大多数を占めた住民は、ユダヤ教徒だった。

マケドニアの獲得を狙っていたのは、ギリシャだけではなかった。北からスラヴ諸民族国家——セルビアとブルガリア——が、ギリシャの「メガリ・イデア」の前に立ちはだかった。三国それぞれが、マケドニアにおける自民族の歴史的根拠——ビザンツ帝国、中世セルビア帝国、中世ブルガリア帝国——を示し、マケドニアの正教徒の一部は自民族の同胞であり、自国領に統合されるべきだと主張したのである。

マケドニアの住民にとって、民族アイデンティティという概念は外来のものだった。ギリシャ人、セルビア人、あるいは、ブルガリア人という自覚よりも、正教徒として自分たちを意識するのがふつうだった。母語と民族意識が、必ずしも直接的に結びつかず、民族アイデンティティ——自分がどの民族に属するか——は、二〇世紀のはじめでも、状況次第で変わる、流動的な概念だった。

そのようなマケドニアの正教徒を、自民族として取り込もうとするギリシャは、ギリシャ語を話す正教徒だけでなく、スラヴ語やヴラヒ語を母語とする正教徒にも、ギリシャ人意識を植え付けることが重要であると考えた。そのために、ギリシャ語で教育をおこなう学校をマケドニアに建設して、王国から教師を派遣し、民族主義的教育をおこなった。一方で、正教徒とはすなわちギリシャ人であるとの主張も展開した。オスマン帝国領内の正教徒を統括してきたのは、コンスタンティノープルの世界総主教座だった。その総主教座で伝統的に継承されてきた普遍的なギリシャ文化の伝統を、ギリシャ王国の民族主義者たちは、よりナショナルな、ギリシャ民族に固有のものと読みかえて宣伝したのである。そうすることによって、スラヴ語話者やヴラヒ語話者もギリシャ民族として算入し、マケドニアにおけるギリシャ人の数的優位を証明して、領土要求の正当性を示そうとした。

ギリシャの一番の敵は、ブルガリアだった。両国が要求する領域が広く重なりあっていたからである。ブルガリアは、一八七八年のベルリン会議で帳消しにされてしまった、大ブルガリアの再度の実現をめざすことに躍起となり、一八八五年に東ルメリアの事実上の併合に成功すると、つづいて、マケドニア獲得に向けて闘志を燃やしていた。ブルガリアも、ギリシャ同様に、民族学校や民族教会——一八七〇年に世界総主教座から独立したブルガリア総主教代理座——の活動を通して、ブルガリア語話者の正教徒にブルガリア人意識を注入し、ギリシャ王国のプロパガンダに対抗した。

一八九七年、ギリシャがオスマン帝国との戦いに屈辱的な敗北を喫した時、「メガリ・イデア」は、一時後退したかにみえた。しかし、クレタが自治領としてオスマン帝国に残された今、マケドニアのギリシャ領への併合が、「メガリ・イデア」を将来につなぐ、唯一の希望と見なされたのである。

世紀転換期には、ブルガリアとギリシャ双方のゲリラ勢力による衝突も頻発した。民族協会は、クレタと同様、マケドニアにも非正規軍を送りだした。ロシアとオーストリアが主導して、列強によるマケドニアの安定をめざした改革案「ミュルツステーク綱領」(一九〇三年)が提示されたものの、マケドニア領有をめざす国々は、もはやそのような案に期待を寄せることはなかった。当初、列強からの非難を恐れていたギリシャ政府も、一九〇四年には、非正規軍の活動を積極的に支援する姿勢を明確にした。

一九〇八年、オスマン帝国で青年トルコ人革命がおこり、マケドニアでの戦闘は一時終息した。自由主義的なこの革命は、マケドニアの民族対立を収束させ、住民の平和的共存をもたらす可能性をはらんでいた。ギリシャ王国の知識人や、コンスタンティノープルのギリシャ人正教徒コミュニティでは、「ヘレニズムの擁護者」としてのギリシャ王国の能力を見限って、オスマン帝国の枠組みを温存した多民族国家のなかで、ギリシャ民族とその文化的伝統を維持するほうが、ヘレニズム全体の利益につながるだろうという考えも見られた。しかし、革命が右傾化してトルコ民族主義が台頭したことにより、そのような考えは消散した。マケドニア領有をめぐる近隣諸国の争いも、まもなく再開された。

バルカン戦争による決着

マケドニアとクレタ島の問題は、ふたつのバルカン戦争(一九一二―一三年)で最終的に決着した。一九一一年、イタリアとの戦争にオスマン帝国がいとも簡単に敗北したことで、帝国の弱体化が明らかになった。ギリシャ、ブルガリア、セルビアは、対立を棚上げにして、マケドニアをオスマン帝国から解放するために手を組んだ。一九一二年一〇月、三国はオスマン帝国との戦争を開始した（第一次バルカン戦争）。ギリシャも、軍事改革を経て、ようやく近代的な訓練と十分な武装を施された正規軍を有するようになっていた。その結果、数週間で、ギリシャ軍は、セルビア軍とブルガリア軍とともに、すべての前線でオスマン軍の勢いを失速させた。

オスマン軍に勝利しただけではない。一一月、ギリシャ軍は、テッサロニキを、ブルガリア軍よりも数時間早く占領したのだった。一三年五月にロンドン和平条約が締結され、マケドニアは三国で分割された。しかし、翌月、マケドニアの分割のされ方、特にギリシャがテッサロニキを占領したことに強い不満を持つブルガリアが、ギリシャ軍とセルビア軍を攻撃し、第二次バルカン戦争がはじまった。ギリシャ軍は、マケドニア南部からブルガリア軍を追い出し、セルビア軍もマケドニア北部でブルガリア軍に勝利した。これに乗じて、オスマン帝国とルーマニアも参戦したため、ブルガリアは大敗し、先に得たマケドニア領も失うこととなった。

一九一三年八月のブカレスト条約により、ギリシャは、マケドニアとイピロス南部、エーゲ海のいくつかの島々、そしてついにクレタ島を自国領とした。国土の面積は約二倍となり、バルカン戦争の前後で、人口は、二八〇万人から四八〇万人に増加した。

新国王の即位

バルカン戦争のさなか、国王ゲオルギオス一世が暗殺された。それを継いだのが長子コンスタンディノスだった。王国のギリシャ人は、国王死去の悲しみよりも、新たな国王の即位に興奮を隠しきれなかった。ビザンツ帝国の建国者が皇帝コンスタンティノスであり、一四五三年のコンスタンティノープル陥落のときの皇帝もコンスタンティノスだった。一九一三年にギリシャ国王に即位したコンスタンディノス（コンスタンティノスの現代語読みがコンスタンディノス）が、コンスタンティノープルをギリシャ人の手に戻してくれるにちがいない。バルカン戦争の勝利で、さらなる領土を獲得した王国のギリシャ人にとって、そのような期待もあながち的外れではないように思われた。

王国の次なる目標は小アジアだった。古代、小アジア西岸のギリシャ植民市や対岸のサモス島やキオス島は経済的な繁栄を誇った。自然哲学も発展し、万物の根源を水であるとしたタレスや、「ピタゴラスの定理」の発見者ピタゴラスを生み出した。シノペやトレビゾンドといった小アジアの黒海南岸にもギリシャ植民市がつくられた。そういった意味で、小アジアはギリシャ文明の揺籃の地であり、長い歴史のなかで、ギリシャ文化圏の一部でありつづけた。二〇世紀にいたるまで、ギリシャ語を話す人々が暮らしつづけていたのである。

ギリシャ王国は、「メガリ・イデア」実現の最終章に向かって、第一次世界大戦終了後、この小アジアへの侵攻を開始した。

3 「メガリ・イデア」の終焉

ギリシャは、第一世界大戦を連合国側で戦い、戦勝国となった。一九二〇年八月一〇日のセーヴル条約によって、敗戦国オスマン帝国と連合国の講和が成立した。その結果、ギリシャは、エーゲ海の島々（ロードス島などのドデカネス諸島はイタリアが獲得）、コンスタンティノープルに近いチャタルジャ線までのトラキアを獲得した。それに加えて、小アジア西岸の港湾商業都市スミルナ（イズミール）とその周辺地域の五年間の行政権を獲得した。スミルナ行政区がギリシャに統合されるか、オスマン領として残存するかは、五年後に、民族自決の原則に従って、住民投票によって決定されることとされた。オスマン帝国領は縮小した。小アジアの西から南の海岸地域から内陸部にかけてが、連合国（ギリシャ、イタリア、フランス）によって分割された。コンスタンティノープルは、名目上はオスマン帝国領に残されたが、連合国が無期限で管理することとなった。この条約によって、少なくとも地図の上では、ギリシャは、「メガリ・イデア」を実現しつつあった。

この成果を引き出したのは、大戦後のパリ講和会議に出席したギリシャ首相エレフセリオス・ヴェニゼロスだった。彼はたぐいまれな外交的手腕を発揮し、大国の国益が錯綜するなかで、小国ギリシャが望みうる最大限の領土の獲得を実現したのである。ギリシャは、ヨーロッパとアジアのふたつの大陸にまたがり、黒海、エーゲ海、地中海、イオニア海、マルマラ海という五つの海に面する国家となる一歩手前であった。

スミルナとその周辺地域のギリシャによる管理は、セーヴル条約の締結以前から実質的には始まっていた。イギリスのロイド・ジョージ、フランスのクレマンソー、アメリカのウッドロー・ウィルソンは、小アジアでのさらなる占領地域の拡大を狙っていたイタリア軍の動きを牽制する必要があった。パリ講和会議中の一九一九年五月六日、三人はひとつの合意に達した。ロイド・ジョージは、ヴェニゼロスに電話をかけ、フランス外務省に呼びだした。ヴェニゼロスは、このときのロイド・ジョージとの会話を日記に記している。

ロイド・ジョージがまず口を開いた。

「すぐに出動できる軍隊はあるか？」

「あります。どのような目的でしょうか？」

「ウィルソン大統領と、クレマンソー氏と私は、貴君がスミルナを占領することを本日決定した」

「準備はできています」

ギリシャは、歴史ある小アジアの地を支配するゴーサインを、列強からついに受け取ったのである。王国のギリシャ人は、この知らせに熱狂した。五月一五日、イスラーム教徒による迫害からギリシャ人正教徒住民を保護する名目で、連合軍の軍艦に伴われ、ギリシャ軍はスミルナに上陸した。

上陸を祝うスミルナのギリシャ人正教徒コミュニティの住民は、海岸に集まった。建物からは、ギリシャ国旗がなびいた。誰もが、ギリシャ軍による占領は、永遠に続く——スミルナはギリシャ王国に併合される——と信じていた。

スミルナ占領の蹉跌

ギリシャが管理することになったスミルナとその周辺地域の総人口は九四万一〇〇〇人で、その内訳は、ギリシャ人正教徒五五万人、イスラーム教徒（主にトルコ人）二九万九〇〇〇人、その他（外国籍、ユダヤ人、アルメニア人など）九万二〇〇〇人だった。ギリシャ人人口がおよそ六〇％を占めていたことを考えると、五年後の住民投票で、この地域がギリシャ領となることは確実に思われた。ギリシャ軍の駐留をきっかけに、トルコ人からの迫害を逃れるため、小アジアのさまざまな地方のギリシャ人たちがスミルナに移住しはじめたことも、ギリシャに有利な住民投票となることを期待させた。

しかし、事態は平和裡には進まなかった。ギリシャ軍が上陸してすぐに、ギリシャ軍、およびスミルナのギリシャ人民間人と、トルコ人との間で小競り合いが勃発した。占領初日で、三〇〇から四〇〇人のトルコ人が死傷し、一〇〇人のギリシャ人が死亡した。まもなく、両者による殺し合いと略奪行為は、スミルナ周辺の村々に拡大した。ギリシャ王国から行政長官がスミルナに到着し、ギリシャ人もトルコ人も差別のない支配を原則には掲げたものの、現実には、トルコ人は公職からは排除されていった。ギリシャ軍によるトルコ人に対する行き過ぎた暴力行為を完全に止めることもできなかった。第一次世界大戦がはじまってからというもの、小アジアのギリシャ人は、トルコ人によって殺されたり、住み慣れた村々を追放されたりしていた。同じことが今度はスミルナのトルコ人の身に降りかかった。ギリシャ軍は、当初与えられた支配領域を超えて、トルコ人の村々を略奪し、破壊し、焼き払い、住民を殺害しながら、占領地域を拡大していった。ギリシャ軍は、小アジアのギリシャ人にとって「解放者」として迎えられたが、トルコ人にとっては、「侵略者」以外の何者でもなかった。ギリシャ軍の向から先々で、トルコ人によるスパイ活動とゲリラ戦術による反撃がはじまると同時に、ギリシャ人コミュニティが復讐《ふくしゅう》の矛先となった。ギリシャ軍の黙認のもと、ギリシャ人住民も非正規軍を組織し、トルコ人の攻撃に応戦した。アルメニア人も、ギリシャ人とともにトルコ人を襲撃した。

ギリシャ軍によるスミルナ占領をきっかけとした、トルコ人のギリシャ人への敵対感情は、「瀕死状態」のオスマン帝国からトルコ共和国を生み出すトルコ・ナショナリズムの原動力になった。ムスタファ・ケマルは、外国によって分割・占領されてしまった小アジアの領土を解放するための抵抗運動に着手した。ケマルを中心とした指導者は会議を開催し、トルコ人が多数を占める地域の領土保全と、その領内におけるトルコ人の独立などを要求した。一九二〇年四月、小アジア内陸のアンカラでの大国民議会を契機に、ケマルは、帝国政府に反旗を翻して革命政権を樹立し、ギリシャ軍を相手に、独立のための戦争に突入していった。

ギリシャ国内でも動きがあった。セーヴル条約締結の三ヶ月後の一九二〇年一一月におこなわれたギリシャの選挙で、ヴェニゼロス率いる自由党が敗北し、ヴェニゼロスに対立する王党派が、ディミトリオス・グナリスを首相として政権に就いた。さらには、一度退位した前国王コンスタンディノスが、譲位した長子アレクサンドロスの不慮の死により、同年一二月に復位した。コンスタンディノスは、第一次世界大戦への参戦をめぐって、ヴェニゼロスと激しく対立した経緯があった。中立の立場をとった国王コンスタンディノスに対して、ヴェニゼロスは連合国側につくことを主張し、テッサロニキに別の政府を樹立して、国家分裂の危機を招いた。この危機は、ヴェニゼロス側が勝利することで収束したが、連合国は、このときのコンスタンディノスの態度を後年まで忘れることがなかった。

王党派は、ヴェニゼロスが遂行する小アジアでの戦争に反対して、「小さくとも名誉あるギリシャ」を旗印に選挙キャンペーンを展開した。しかし、いざ政権を掌握すると、「メガリ・イデア」の夢を簡単に捨てることはできなかった。一九一二年のバルカン戦争以来、八年にわたる断続的な戦争に疲れ切った国民感情を閑却するかたちで、小アジアでのギリシャの軍事行動は継続された。ギリシャ独立戦争が開始された一八二一年からちょうど一〇〇年を迎えようとしていた。国民は、記念すべき一〇〇年目に、「メガリ・イデア」を実現できるのだと信じ込まされた。

セーヴル条約で保障された領土をギリシャが確実に手にするためには、アンカラの革命政府が戦力を強化する前に、ギリシャに有利なように決着をつけなければならなかった。それはギリシャだけでなく、連合国にとっても同じだった。連合国がセーヴル条約を締結したのはアンカラ政府とではなく、オスマン帝国政府とだった。ケマルたちの「独立戦争」は、このセーヴル条約による領土分割への反発によって勢いづいたものだった。ケマルのトルコ軍が勝利したら、そのときどういう事態が生じるのか。のちにイギリス首相となるウィンストン・チャーチルは、当時の状況を振り返って、こう述べている。

セーヴル条約の主たる条項のすべてが実行されるか否かは、ひとつのことにかかっていた。ギリシャ軍である。ヴェニゼロスと彼の兵士たちが状況を打開して、ムスタファ・ケマルを法と秩序に服させることができれば、すべてはうまくいくだろう。もしそうでなければ、現に起こったさまざまな事実にできるだけ対応した、なんらかの他の文言がつくりだされなければならないだろう。

ギリシャ軍が敗北すれば、セーヴル条約は撤回され、アンカラ政府と連合国との間で、新たな条約が結ばれるということだった。その場合、連合国による小アジア分割・占領という条項がもはや含まれないだろうことは明らかだった。

トルコ軍の形勢逆転

ヴェニゼロスの自由党から王党派への政権交代は、小アジアでのギリシャ軍の戦闘の行方を大きく狂わせた。連合国は、ヴェニゼロスのギリシャだからこそ、スミルナ占領も認めたのである。ヴェニゼロスの失脚にともない、連合国のギリシャへの態度も変化した。第一次世界大戦参戦に際し、反連合国の立場をとった国王コンスタンディノスを支持するグナリス政府から、連合国は距離を置くようになった。イタリアとフランスは、ギリシャでの政権交代を口実にして、アンカラ政府と和平協定を結び、小アジアに獲得していた勢力圏を放棄する代わりに、通商上の利益を獲得した。イギリスだけでは、ギリシャ軍への便宜をはかることは難しくなっていった。

一九二一年四月、連合国はギリシャとアンカラ政府軍との戦いに対して中立的な立場をとると宣言した。ギリシャは戦費の多くを連合国からの借入によって賄っていたし、武器の調達も連合国に依存していた。しかし、これによって連合国を頼りにすることは難しくなった。一方、一九二一年三月には、アンカラ政府は、ソビエト政府の協力をとりつけていた。さらに、フランスとイタリアは、中立を宣言しておきながらも、はばかることなくトルコ軍に武器を売った。

それでも、ギリシャ軍は、一九二一年の夏までに、サカリア川まで前線を押し進め、トルコ軍の拠点アンカラまで、あと六五キロほどのところにまで到達した。ギリシャ人の期待は再びふくれあがった。政府の否定をよそに、ギリシャがコンスタンティノープルを即座に占領することを、イギリスが許可したとの記事が、ギリシャの新聞紙上をにぎわせた。

八月二三日からはじまったサカリア川の戦いは、ギリシャ軍がスミルナを占領してから最も激しい戦闘となった。約三週間にわたる戦いで、ギリシャ軍は大敗を喫し、九月半ばまでに前線は西に大きく後退した。一九二一年から一九二二年の冬にかけて、ギリシャ軍の士気は著しく低下した。軍隊内のヴェニゼロス派と王党派の対立も激しくなった。首相グナリスは、連合国による資金や武器の支援がないならば、ギリシャ軍は撤退したいとの意思を、イギリス外相カーゾン卿に伝えた。カーゾン卿は、援助要請を無視し、連合国による外交的な取引が進行中であるから、ギリシャ軍は緊急の事態に備えて小アジアにとどまるようにと回答するだけだった。

サカリア川での勝利によって、連合国はアンカラ政府を認めざるを得ないと考えていた。一九二二年三月、ギリシャとアンカラ政府との停戦案がつくられた。提案は、ギリシャ軍は小アジアから撤退し、小アジアのギリシャ人は国際連盟の保護下におかれるという内容を含んでいた。ギリシャはそれを受け入れた。しかし、軍事的に優勢であるのは自分たちであることを察知していたアンカラ政府は、提案を拒否した。

ギリシャ軍の壊滅

同年七月末、絶体絶命のギリシャは最後の賭けにでた。小アジアのギリシャ軍の二個師団をトラキアのギリシャ軍と合流させ、コンスタンティノープル占領を実行しようとしたのである。連合国にとっては、まったく理解しがたい行動だった。ギリシャによるコンスタンティノープル占領のみが平和をもたらすのであり、連合国は、ギリシャ軍入城の許可を与えるべきであると、ギリシャ政府は主張した。八月二日、連合国は、コンスタンティノープルに進軍した場合、武力で反撃すると回答した。ギリシャ軍はコンスタンティノープル占領作戦から手を引いた。

明らかに常軌を逸したこの作戦の目的は何だったのか。ギリシャは、本気でコンスタンティノープルを占領しようと、あるいはできると考えたのだろうか。ギリシャ政府は、連合国列強を「脅す」ことによって、彼らがギリシャの要求に譲歩し、中立の態度を捨て、再び支援を与えることになると見込んでいた可能性がある。さらに考えられるのは、チャーチルが述べているように、「サカリア川でのギリシャ軍の敗北ののち、コンスタンティノープルの占領だけが、ギリシャの王室とギリシャの王党派に運を取り戻すことができた」からかもしれない。コンスタンティノープルさえ手にいれることができれば、ギリシャ軍が小アジアから撤退したとしても、それは名誉ある撤退としてギリシャ国民も受け入れる可能性があった。しかし、結局この作戦は失敗した。この作戦のために、小アジアの前線でのギリシャ軍の兵力は減り、その直後にギリシャ軍が壊滅した遠因のひとつとなった。

八月末にはじまったトルコ軍の攻撃によって、ギリシャ軍は総崩れとなった。追撃を続けるトルコ軍から逃れるギリシャ軍の兵士たちは、大混乱に陥り退却した。退却しながらも、ギリシャ軍はトルコ人の村々を焼き払い、残虐行為を働いた。彼らが向かった先は、まだギリシャの支配領域として残されていたスミルナだった。スミルナは、一般住民に加えて、敗走してきた幾万ものギリシャ軍兵士、トルコ軍による暴力や虐殺を恐れて逃げてきた多数の民間ギリシャ人やアルメニア人でごった返した。

スミルナ炎上（1922年）

トルコ軍がスミルナを奪回するのはもはや時間の問題だった。九月九日の朝、トルコ軍がスミルナに入城し、略奪と虐殺がはじまった。ギリシャ人大主教がトルコ人暴徒によって殺された。列強は船を用意して、スミルナにいた自国民を次々と脱出させた。

九月一三日午後、アルメニア人居住地区から上がった炎は、ギリシャ人居住地区やヨーロッパ人居住地区に広がった。夜になっても火の勢いは収まらず、パニックに陥った住民たちは、港に向かって逃げた。すでに避難していた列強の軍人や海兵、ジャーナリストや民間人は、燃えるスミルナの町を船上から見ていた。イギリスの艦隊ジョージ五世号の司令官ベルトラン・セシジャーは、日付がかわった一四日の真夜中の港の様子を以下のように描写している。

午前一時くらいに、港に面した家々から、ほぼ同時に火災が発生した。遠くから見ても、恐ろしい光景だった。想像を絶する叫び声があがった。多くの人々が海に突き落とされた。それは、家々のそばにいて火災の熱を避けようとした群衆に押し出されたのだと思う……多くは完全なパニック状態に陥って、海に飛び込んだに違いない。

ひとつのエピソードがある。当時の『ニューヨーク・タイムズ』紙やギリシャの新聞の報道によると、このとき、日本の船がスミルナの港に停泊していて、逃げ場を失い、必死に助けを求めていたギリシャ人の脱出に、手を貸したというのである。日本人船長は、船の積み荷を海に捨て、空いた空間に彼らを乗船させて、ギリシャ領まで送り届けたという。

スミルナの炎とともに、二五〇〇年におよぶ小アジアのギリシャ世界の歴史は、突如終止符を打った。セーヴル条約は白紙に戻され、一九二三年七月ローザンヌ条約が結ばれた。これによって、ギリシャは、西トラキアをのぞき、セーヴル条約で獲得した領土のほぼすべてを失った。この条約に先立つ一月、ギリシャとトルコの間で強制的住民交換協定が締結された。交換時、ギリシャ人かトルコ人かという民族籍は、言語ではなく宗教を基準に決められた。トルコからギリシャ王国に移住することを余儀なくされた大多数は、ギリシャ語話者の正教徒だったが、トルコ語話者の正教徒も含まれていた。住民交換実施以前からの難民も含め、全体で約一一〇万人のギリシャ人難民がギリシャ王国に流入した。当時六二〇万人のギリシャ王国に、これだけ大量の難民を定住させることには多大な負担がともなった。反対に、約三八万人のイスラーム教徒が、ギリシャ領からトルコに強制的に移送された。一九二五年までに住民交換は完了した。

若き日のアメリカ人作家アーネスト・ヘミングウェイは、『トロント・デイリー・スター』紙の記者としてギリシャ・トルコ戦争を取材していた。スミルナにトルコ軍が入城して一ヶ月後の一〇月一九日、コンスタンティノープルのホテルに滞在していた彼は、以下のように書いた。

私のホテルの主人はギリシャ人だ。彼は生涯かかって貯めたお金でここを買ったのだ。この世で彼が持っているものすべてを、彼はこのホテルにつぎこんでいる。現在は、私が唯一の客である。

「ダンナ、話があります」と昨晩主人が言った。「私は戦うつもりです。われわれは武器を手にしています。キリスト教徒の多くも武装しています。フランス軍が連合国を説得して、あんな悪党のケマルにコンスタンティノープルを与えるって決めただけで、私が生涯築きあげてきたすべてを投げ出したくはないんです。なぜ連合国はそんなことをするんです？　ギリシャ人は連合国のために戦ったのに、今となって連合国は私たちを見捨てるのです。私たちにはそれがいったいどういうことなのかわからないのです」。

このホテルの主人のような思いを、ギリシャ王国に逃れた多くの小アジアのギリシャ人難民は共有していたであろう。列強の気まぐれで、先祖代々暮らしてきた土地や財産が奪われるという不条理がまかり通る現実を、どう理解できたというのだろうか。しかし、ギリシャ・トルコ戦争中に両者がそれぞれ犯した残虐行為は、ギリシャ人とトルコ人がともに暮らすことを不可能にしてしまったこともまた事実だった。いつの日か故郷に戻れることを願って、ギリシャ王国内に逃れたギリシャ人難民は、ローザンヌ条約調印に強く反対した。しかし、当時の国際社会は、強制的住民交換が、近東地域の平和を保障する、唯一の実行可能な措置であると結論づけたのだった。

一九三〇年、政権に返り咲いていたヴェニゼロスと、トルコ共和国大統領となったケマルとの間で、以後二国間で国境は不変であることが確認された。ギリシャにとって、「メガリ・イデア」は、もはや遠い夢の幻だった。

第三章　国家を引き裂く言語

1　言葉が人の命を奪うとき

二〇世紀はじめのアテネで、不可解なふたつの出来事がおこった。「不可解」というのは、ギリシャ語という、言葉をめぐる問題が騒擾を引き起こし、人の命が奪われるほどの事件に発展したからである。「ペンは剣よりも強し」ということわざ——「ペン」つまり言葉の力は、「剣」すなわち暴力に勝る——にも言われているように、言葉とは、本来暴力とはなじまないものであり、むしろ暴力を圧倒する力を持つと、通常私たちは認識している。

ところが、一九〇一年の「福音書事件」と、一九〇三年の「オレステイア事件」では、ギリシャ語という言葉が暴力と結びつく事態が、現実のものとなった。これらふたつの事件は、ギリシャ人のアイデンティティ形成にとって、言葉がいかに重要な意味を持ち、暴力という手段を行使してでも守りたい、譲れないギリシャ語というものがあったことを示している。

「福音書事件」の発端は、ふたつの福音書の口語ギリシャ語訳が、一九〇一年に出版されたことにある。ふたつの翻訳のうち、ひとつは王妃オルガが主導し、もうひとつはイギリス在住のギリシャ人アレクサンドロス・パリスによるものだった。これらの口語訳福音書の出版を、ギリシャ民族の存亡を左右するものと見なした知識人の一派は、民衆を扇動し、出回った口語訳の回収と、口語訳福音書の出版を禁止する要求を掲げる示威行動に出たのである。

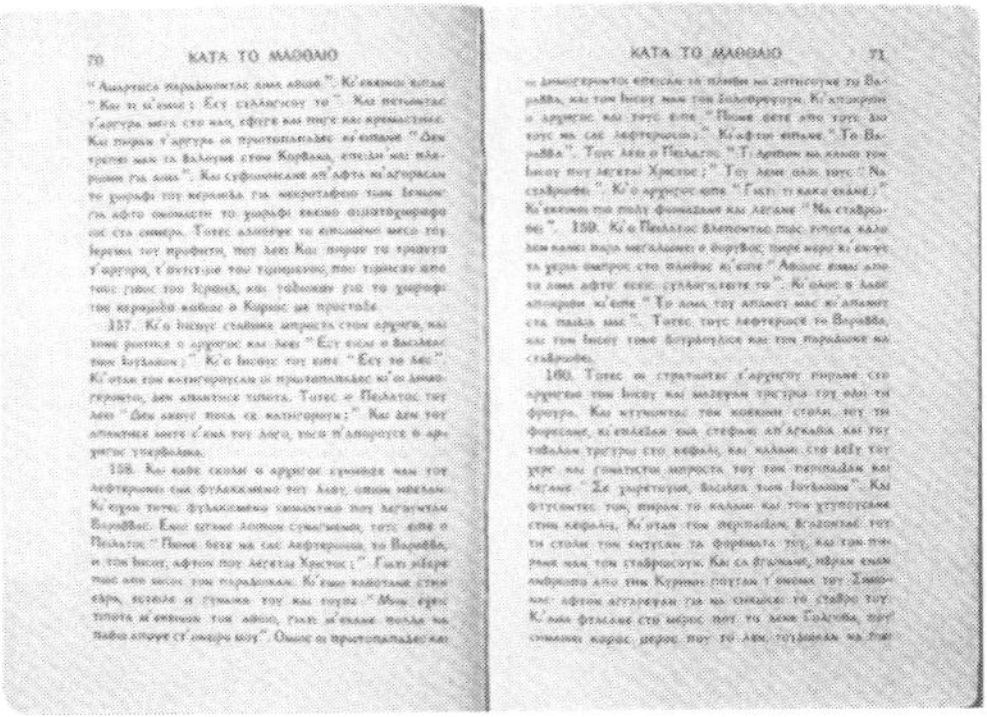
70 KATA TO MAΘΘAIO

KATA TO MAΘΘAIO 71

パリスによる口語訳福音書

口語訳福音書は何が問題か

王妃オルガとパリスの「翻訳」とは、たとえば英語から日本語というような、ある言語から、まったくそれと異なる系統の言語に内容を移しかえる作業ではなかった。福音書は、そもそも、コイネーと呼ばれる古代ギリシャ語の一種で書かれていた。その福音書を、当時の民衆の話し言葉によって書きかえようという試みだった。つまり、ギリシャ語という同じ言語の枠内で行われる翻訳（Intralingual Translation）だった。

王妃オルガとパリス、そして彼らの翻訳に賛同した者たちは、福音書を民衆の話し言葉に翻訳することは、民衆のためになることだと考えていた。イエスの言行が、一般のギリシャ人が理解できる言葉で記されることによって、民衆の宗教心が確かなものになるだけでなく、民衆の啓蒙にもつながると考えたのである。

翻訳に反対した者たちにとって、福音書の口語ギリシャ語への翻訳は、反民族的な裏切り行為だった。なぜなら、ギリシャ語は、古代から近代まで継続してきたギリシャの歴史の重要な根拠だったからである。古代から近代にいたるまで、ギリシャ語とは単一の言語であり、いくつかのギリシャ語が存在するということは、あってはならないことだった。そのギリシャ語を当のギリシャ人が理解できず、「翻訳」という作業を必要とするという主張そのものが、近代ギリシャが依拠するイデオロギーを否定していると、反対派は見なしたのである。さらに、福音書の口語訳は、古代ギリシャとの紐帯を切断するのみならず、正教キリスト教への冒瀆《ぼうとく》とも見なされた。聖書を口語に訳して布教するやり方は、プロテスタントの常套手段だった。反対派は、口語訳の出版の背後に、プロテスタントの影響力拡大の試みを嗅ぎつけ、それを正教会に対する脅威として恐れたのである。要するに、福音書の口語ギリシャ語訳に反対した者たちは、口語訳が、近代ギリシャ人のアイデンティティを支えるふたつの柱――古代ギリシャと正教キリスト教――への攻撃であると受け取ったのである。

当初、新聞紙上で繰り広げられた、翻訳賛成派と反対派の知識人の論争は、やがて大規模な反対デモ行進と集会を誘発した。反対派の中心はアテネ大学の教授陣と学生だった。学生は、民衆と連帯して反対の意志を示そうとした。一九〇一年一一月、学生と民衆の一団はついに直接行動にでた。彼らは、パリスの口語訳を掲載して、翻訳への支持を表明していた新聞社アクロポリスを襲撃した。続いて、ギリシャ王国の正教会の長であるアテネ大主教宅へ向かい、ギリシャ王国の宗教会議が、今回の口語訳をいかに評価するのか明らかにするように要求した。宗教会議は、今後一切、福音書の口語訳を禁止することを決定した。しかし、今回の出版に対する処分については明言を避けたため、学生たちの怒りと興奮は高まった。事態の悪化を懸念した政府は、治安維持の目的で、軍隊を配備した。学生たちが直接行動をはじめてから四日目、アテネの中心部にあるゼウス・オリンピオス神殿で、三万人から五万人を集めた大集会がおこなわれ、福音書のギリシャ語に変更を加えないことに賛成する決議がなされた。その後、集会に参加していた群衆は、アテネ大学までデモ行進をおこなった。そのとき勃発した騒擾に対して、不測の事態を予想して配備されていた軍隊が発砲した。群衆のなかには、この発砲に銃で応じる者がいた。両者の衝突で、八名が死亡した。

八名の死者は、ギリシャ民族の信仰と言語を守るために落命した「殉教者」と位置づけられた。福音書の口語訳に反対した者たちは、彼らの死は、ギリシャ民族にとって必要な犠牲だったと、自分たちの「闘い」を正当化した。この事件をめぐって、数日後にテオトキス首相は辞任し、新たな内閣が組閣された。

オレステイア事件

それから二年後の一九〇三年一一月、またしても、ギリシャ語をめぐって、暴力事件がおこった。今度の攻撃対象は、トマス・イコノム監督の、アイスキュロス作の古代悲劇「オレステイア」の口語ギリシャ語による上演だった。

このときも、口語訳反対派は黙ってはいなかった。上演初日のオープニングに際し、当代一流の女優マリカ・コトプリが、古典作品を口語訳によって上演することに賛同していた詩人コスティス・パラマスの作品「悲劇礼讃」を朗唱した。それに対して、アテネ大学古典学教授ゲオルギオス・ミスティリオティスは、大学で「ギリシャの再興、ギリシャの言語と作法の復活」と題する講演をおこなった。その講演のなかで、彼は近代ギリシャ人が模範とすべき古典劇を、口語訳によって「破壊した者たち」を激しく攻撃した。

ミスティリオティスは、一八九五年に古代ギリシャ劇上演協会を創設し、古代ギリシャ語による古典劇の上演をおこなっていた。協会の主張によると、古代語による古典劇の上演こそが、近代ギリシャ人の行動様式のモデルを提供し、ギリシャ民族の生活を向上させることにつながるとされた。「福音書事件」の際、口語訳に反対した者たちの主張と同じように、ミスティリオティスは、古代ギリシャ文化との結びつきを断つことは、近代ギリシャ人の拠って立つべきものを失わせる致命的な行為であると考えていたのである。

そのミスティリオティス率いる協会に属する学生が、「オレステイア」の口語ギリシャ語による上演の中止を要求した。彼らは口々に「パラマスを打倒せよ」と口語訳支持派の代表格であるパラマスの名前を連呼し、王立劇場へのデモ行進を決行した。劇場に侵入しようとした学生と、それを阻止しようとした警官隊との間で、小競り合いがおこった。ひとりが死亡し、数人の負傷者が出た。

この「オレステイア事件」を扇動したのは、ミスティリオティスであり、デモ行進を決行して、最終的に騒擾をおこしたのは、彼の学生だった。上演者側は、この暴力事件とは何のかかわりもなかった。しかし、この騒擾ののち、口語訳での上演は中止を余儀なくされた。トマス・イコノム監督の「オレステイア」は、より古代語に近いギリシャ語で、エジプトのアレクサンドリアやカイロのギリシャ人コミュニティで、のちに上演されることになったのである。

「福音書事件」と「オレステイア事件」から浮かび上がってくるのは、ギリシャ語という言葉が、単なるコミュニケーションの手段という役割を超えて、当時のギリシャ人のアイデンティティと深くかかわっていたという事実である。また二〇世紀のはじめのギリシャ社会では、古代ギリシャ語と口語ギリシャ語を支持するふたつの陣営が対立していたことが読み取れる。実際、「福音書事件」と「オレスティア事件」は、この両者の対立が、暴力という形で具体化されたものだった。この言葉をめぐる対立は「言語問題」と呼ばれ、ギリシャが独立国家を形成して以来、一九七〇年代にいたるまで、ギリシャ社会を揺り動かしたのである。

2 ふたつのギリシャ語

一九七〇年代半ばまで、ギリシャでは、言語学でいうダイグロシアという言語状況がみられた。ダイグロシアとは、ひとつの社会において、ひとつの言語のサブカテゴリーとして、ふたつの違う種類が存在し、それぞれが別々の目的で使用される状態のことである。ひとつの社会で、異なるふたつの言語が用いられる状況を意味するバイリンガリズムと、ダイグロシアは別物である。ギリシャ語というひとつの言語のサブカテゴリーとして、ディモティキとカサレヴサと呼ばれる二種類の言葉があった。

ディモティキとは、都市部を中心とした民衆の口語として発展し、一九世紀から二〇世紀を通じて、文学者によって書き言葉として洗練されてきた言葉である。字義通りに訳せば「民衆語」である。

カサレヴサとは、文章語として古代から継承されてきた古代ギリシャ語と、一九世紀以降のギリシャ民衆の口語を、人工的に折衷させた言葉である。カサレヴサは、口語ギリシャ語から外国語の「汚れた」要素をできるかぎり取り払い、過去二〇〇〇年の間に失われたり、変化してしまった古代ギリシャ語の語彙《ごい》や文法的特徴を、再び取り入れることによって、口語ギリシャ語の「誤りを修正」しようとする、ギリシャ独立前後の知識人たちの試みから生まれた。カサレヴサとは、「浄化する」、「汚れを落とす」という意味のギリシャ語の動詞カサリーゾーから派生した単語で、「純正語」と訳される。

純正語カサレヴサ、民衆語ディモティキ

序章で登場した、ギリシャ啓蒙主義の牽引者コライスは、のちにカサレヴサと呼ばれることになる、古代ギリシャ語と口語ギリシャ語の折衷語の最初の提唱者として知られている。コライスは、一八世紀末以来活発化した、近代のギリシャ民族にふさわしいギリシャ語をめぐる議論のなかで、古代ギリシャ語への完全なる回帰は実現不可能であると考えた。彼は、古代ギリシャ語と、彼と同時代のギリシャ民衆の口語という、相対するふたつの極の「中間の道」を、近代ギリシャの民族の言語として選択することが現実的であり、なおかつ古代ギリシャ人と近代ギリシャ人の絆をも保証すると考えたのである。

コライスをはじめとする、カサレヴサを唱道した者たちの見解によると、古代ギリシャ語

と口語ギリシャ語の違いは、二〇〇〇年という時間の経過のなかで、徐々に変化した結果生じたものではなく、わずか四〇〇年にわたるオスマン帝国の支配によって、ギリシャ人が「野蛮化」したためだった。したがって、今、口語ギリシャ語の「浄化」を始めれば、数世代ののちに事態は逆転し、「正しい」ギリシャ語――できる限り古代ギリシャ語に近いギリシャ語――を近代のギリシャ人が取り戻すことが可能であるように思われたのである。

一方、コライスの同時代のギリシャ人で、ディモティキを支持する者もいた。その代表格が、詩人のディオニシオス・ソロモスである。彼は、「言葉の教師とは民衆である」と主張した。ソロモスは、ギリシャ独立戦争の前夜、勉学のために滞在したイタリアから、故郷のザキントス島に帰還した。このとき彼は、老人が歌うギリシャ語の民謡を耳にし、母語であるギリシャ語――ザキントス島を含むイオニア諸島はヴェネツィア支配が長く続いていたため、ヴェネツィア時代の上流社会層やソロモスのような知識人は、ギリシャ語よりも、イタリア語を日常の言語として使用することが普通だった――を再学習することを誓い、ディモティキによる作品を書いた最初のギリシャ詩人となった。

ギリシャ王国が建国されると、カサレヴサが、国の公的な場――行政、法廷、議会、軍隊、学校――で使用され、なかば公用語のような地位を獲得した。カサレヴサが使われた理由は、たとえ外国人の支配下にあった時でも、教会や教育の場では、古代ギリシャ語を範とする文語ギリシャ語が用いられてきたという伝統にあった。さらには、古代ギリシャ世界が、ヨーロッパに持った威光のためだった。古代ギリシャ語という偉大なる文化遺産を放棄してまで、書き言葉としての文法が未発達であった当時の民衆の口語を、国家の言語として積極的に用いることに価値があるとは考えられなかったのである。

したがって、民衆の話し言葉こそがギリシャ民族の言語たりうるとする、ソロモスが主張したような立場は、独立当初のギリシャでは、大きな影響力を持たなかった。そもそも、民衆の口語は、ギリシャ語とすら認識されていなかったのである。独立前後の時期、ギリシャ語を意味する「エリニカ」という単語は、古代ギリシャ語のことだった。序章で見たように、オスマン帝国のギリシャ人は自らを「ロミイ」（ローマ人）と認識しており、彼らの話し言葉は、「ローマ人の言葉」を意味する「ロマイカ」、あるいは「ロメイカ」と呼ばれていたのである。

古代ギリシャ語の要素を取り入れたカサレヴサを国家の言語としたギリシャの選択は、注目に価するものといえる。なぜなら、一九世紀のヨーロッパの国々は、国民の間で優勢なグループの口語を、国家の公式の文章語の基盤として、国民国家形成を推進していたからである。カサレヴサは、口語ギリシャ語の要素も含んではいたものの、あくまで、古代ギリシャ語との人工的な折衷語の域をでなかった。カサレヴサというギリシャ語を、日常の話し言葉としていた層は、独立前も、独立後も、ギリシャ社会には存在しなかった。それにもかかわらず、独立後のギリシャ王国では、公的な場で、カサレヴサを用いて話したり、書いたり、読むという行為がつづけられた。一方、日常の私的な場では、人々はディモティキを使用するというダイグロシア状況が生まれたのである。

ギリシャが独立を果たして間もない時期に、ディモティキが、公的な場と関連を持った唯一の例外は、一八六五年、ソロモスが独立戦争中の一八二三年に書いた作品「自由への賛歌」が、国歌の歌詞として採用されたことだろう。彼の詩は、国歌となった後も、カサレヴサへの変更を求める圧力にさらされつつ、今日にいたるまで、そのままの形で歌いつがれている。

ディモティキの地位向上へ

興味深いのは、一九世紀後半になるにしたがって、カサレヴサが、より古代ギリシャ語に接近する傾向が加速したという点である。その背景には、古代語の文法体系と語彙をより多く含んだカサレヴサを使用することにより、近代のギリシャ人は、完全無欠な古代ギリシャ文明の理想に近づき、「進歩」するのだという考え方があった。より古代に近づくことによって、ギリシャは前進するという、逆説ともとれる立場が主張されたのである。

他方で、国家におけるカサレヴサ優位の状況に疑問を呈し、異議を唱える人々も登場するようになる。カサレヴサを公的な場で使用することを当然と見なす人々は、市井のギリシャ人が現在話している言葉は、俗悪であり、その使用法は間違っていると主張している。しかし、それらの人々の言っていることは果たして正しいのだろうか。生きている言語を話すというその事実をもって、今日のギリシャ人が非難されてよいのだろうか。墓場から掘り起こした古代ギリシャ語に固執していたのでは、ギリシャ人は、進歩するどころか、ダイナミックな近代の流れから取り残されてしまう。古代ギリシャの呪縛から解放されて、話し言葉——これも、ギリシャ語であるという点では、古代ギリシャ語と同じ系譜に属する——を、民族の言語として使用することによって、自分たちの考えや思いを自由に表現し、新たな世界を探求し、新たな文化を創造する必要がある——そのような論調が、文学者を中心とする知識人の間で、一九世紀後半に向かって徐々に醸成されていったのである。彼らの多くは、言語はそれを話す人々の精神を表現しているとする、ドイツの哲学者・詩人ヘルダーや、言語学者フンボルトの主張を信奉していた。そして、ディモティキは、まず第一に、詩作の言語として広く用いられるようになっていった。

近代ギリシャ人にふさわしい民族の言語として、国家におけるディモティキの地位向上をめざす運動は、一八八八年、ヤニス・プシハリスによる『私の旅』の出版によってはじまった。プシハリスは、ロシア帝国の黒海沿岸の町オデッサ生まれのギリシャ人で、イスタンブルとパリで教育を受けた古典学者である。二〇歳以降はパリに腰を落ち着け、いくつかの高等教育機関での職を経たのち、一九〇四年からは、ヴィヴァント東方言語学校の主任教授になった。彼は、コントの実証主義を継承したフランスの歴史家・批評家テーヌや、宗教史家・作家で、普仏戦争で敗北したフランス国民の再生を訴えた講演「国民とは何か」で知られるエルネスト・ルナンと親交を持った（プシハリスの妻は、ルナンの娘である）。彼らとの親交が、プシハリスのギリシャ語についての考え方に大きな影響を与えたと言われている。

『私の旅』は、パリを起点に、イスタンブル、キオス島、アテネへの旅を描いた、ディモティキで書かれた散文の創作である。プシハリス本人と目される語り手が、最終目的地のアテネで出会ったのは、恐ろしいほどに古代語化したギリシャ語（カサレヴサ）だった。このエピソードを記述することで、彼は、人々の話す言葉こそ、ギリシャ語の書き言葉となりうるという立場を明確にした。彼は、近代言語学の立場から、すべての生きている言語は、段階的、体系的変化が不可避であると主張しもした。そう述べることによって、古代ギリシャ語と、彼が生きた時代のギリシャ民衆の話し言葉の間には連続性があり、ディモティキの使用が古代ギリシャとの絆を断つことにはならないと示唆したのである。『私の旅』の中で、彼は以下のように書いた。「言語の問題は、政治の問題である。軍隊が、私たちの物理的な境界線を画定するために戦うように、言語は、私たちの知的境界線を画定するのである。軍隊も言語も、より広い範囲を包摂するために進まなくてはならない。ともにいつの日か栄えるために」。これは、ディモティキをギリシャ民族の言語として支持するマニフェストであった。このように述べることによって、彼は、言語の問題を、政治・社会的な問題として提示したのだった。

ギリシャ版「言文一致」運動

プシハリスの『私の旅』の出版に刺激され、彼の立場を支持する著作が次々に出版された。一般のギリシャ人の話し言葉であるディモティキが、文章語としての役割を果たしうるギリシャ語なのだという主張は、言語学者や文学者だけではなく、歴史家、そしてジャーナリズムの世界にも支持層を広げた。その結果、詩だけでなく、散文の文学や演劇の脚本もディモティキで書かれるようになった。このギリシャ版「言文一致」運動の高まりは、一八九三年までには、ディモティキ主義（ディモティキズモス）という名称で知られるようになった。

二〇世紀はじめの「福音書事件」と「オレステイア事件」は、カサレヴサ支持派による、ディモティキ主義者への反撃と見なされる。カサレヴサ支持派は、ディモティキ主義推進運動の拡大によって、独立以来ギリシャ国家でカサレヴサが享受してきた不動の地位が、いまや脅威にさらされていると感知したのである。

指摘しておくべき重要な点は、ディモティキを支持する者も、カサレヴサを唱道する者も、ギリシャ・ナショナリズムに基づく視点から、それぞれの立場を正当化したということである。どちらの陣営も、究極の目的としたのは、ギリシャ民族の擁護であり、民族の独自性を確保、維持するということであった。

カサレヴサ支持者の言い分

『私の旅』の序文で、プシハリスは、「言語と祖国はひとつにして同じものである。祖国のために戦うことと、民族の言語のために戦うことは、ひとつにして同じものである」と述べている。ディモティキ主義者は、民衆の口語もギリシャ語の系譜のなかにあり、それをギリシャ民族の言語たりうるのだと認めることこそ、民族と国家の利益になるのだと繰り返し説いた。

同様のレトリックが、カサレヴサを支持する側からも聞こえてきた。「オレスティア事件」の扇動者ミスティリオティスは、第二章で見た、マケドニア獲得のための戦いで、ギリシャ民族の敵として立ちはだかったブルガリア人と同じ程度に、ディモティキ主義者は民族にとっての害悪であると力説した。「多くの民族は隷属の状態にあっても、自分たちの言語を捨て去ることはなかった。ギリシャ民族は、ディモティキ主義者と自称する少数の者たちのせいで、その存在を危険にさらされている……私が確信を持って言えるのは、ギリシャ民族の敵も、俗悪な言葉［ディモティキ］を支持する者も、同じ結果をもたらすということだ。民族の敵であるブルガリア人は、母なるギリシャからその娘［マケドニア］を切り離そうとしている。ディモティキ主義者と自称する者たちは、母その人に対して、斧をふりかざしている……もし私がこのことを声高に叫ばなければ、ギリシャ民族とその歴史に対して、私は罪を犯すことになるだろう」。

カサレヴサ支持者たちは、ディモティキ主義者たちを、伝統に基づいた文化的素養と洗練を欠いた「俗悪な奴ら」であると断じ、社会の規範に従わないボヘミアン的な風采をしているとの意味合いで、「毛むくじゃら」（マリアリ）という蔑称を彼らに与えた。ディモティキ主義運動の中心的指導者が、無教育で、社会的に低い地位に甘んじる者たちであったわけではない。反対に、プシハリスに代表されるように、彼らは、十分な教養を備えたインテリであり、言語の改革を最も積極的に推進しようとした知識人だった。

「福音書事件」や「オレステイア事件」が示しているように、カサレヴサ支持派の中核は、アテネ大学教授と学生だった。学生が、カサレヴサ擁護という保守的な陣営に属していたのは、やや奇異な印象を与えるかもしれない。政治・社会運動において、革新的な主張の先頭には、学生の姿が見られるのが普通だからである。しかし、二〇世紀はじめのギリシャでは、使用する言葉の種類によって、人々が、社会の上層と下層に分断されていたという現実があったことを考慮しなくてはならない。行政や司法といったあらゆる公的な場面で用いられたのは、カサレヴサだった。学校教育の現場でも、初等教育から高等教育にいたるまで、カサレヴサが唯一のギリシャ語として学習され、カサレヴサによって、すべての科目が教えられた。カサレヴサを習得し、使いこなすことは、社会的に上昇するための必須条件だった。たとえ貧しい家庭に生まれようとも、カサレヴサを自分のものにすることによって、知的エリートとして、国家公務員や弁護士といった職業につくことが可能になるだけでなく、経済的にも安定した地位を築く道が開かれていたのである。カサレヴサは、無知・無教養の人々と自分たちを区別し、社会的に尊敬を集める地位につく手段だったのである。

そうであればこそ、カサレヴサを駆使できるという既得権益を持つ学生は、ディモティキ主義運動の興隆を、傍観するわけにはいかなかったのである。彼らは、自分たちが社会に占める特権的な地位を守るために、カサレヴサを擁護する姿勢を明確にした。もちろん、このカサレヴサと古代ギリシャ語との紐帯が、ギリシャ民族のアイデンティティにとって不可欠の要素であると、彼らが信じていたことも事実ではあるのだが。

民衆の態度

ところで、カサレヴサ支持派とディモティキ主義者の対立に、ギリシャ社会の大半を占めるギリシャの民衆はどのような姿勢を示していたのだろうか。彼らの多くは、カサレヴサを自由に駆使できるエリート層から除外された人々であった。この事実から推定すると、一九世紀末からのディモティキ主義運動の高まりは、彼らにとって喜ばしい出来事のはずだった。言語的な障壁を取り払われることによって、社会の分断は解消される可能性があったからである。ところが、ギリシャ民衆が、ディモティキ主義運動の強力な基盤となって、それを唱道する知識人を支えるという構図が、すぐさま現出したわけではなかった。古代と近代との結びつきを重視する姿勢は、独立以来の愛国教育を通して、一般のギリシャ民衆にも確実に浸透しており、そのイデオロギーがすぐに揺らぐことはなかったのである。

ギリシャの民衆は、カサレヴサを、古代と連なる価値を持つ、ギリシャ民族にとっての「文化資本」であると見なしていた形跡がある。彼らは、「福音書事件」で、口語訳に反対するアテネ大学教授や学生の側に立ったのである。ギリシャ語は、民衆にとっても、単なるコミュニケーションの手段を超えた、偉大な歴史を担うギリシャ民族のアイデンティティの証と理解されていたのである。カサレヴサの優位を是認することによって、民衆は、無意識ではあったにせよ、カサレヴサの使用を指標として、エリートと一般大衆とに分断された既存の社会を容認し、自分たちのほうから、社会的、文化的な力にアクセスする道を断ったことになる。それと同時に、民衆は、自分たち自身の言葉やそれに基づく文化を恥じ、それらを疎んじることにもなったのである。

二〇世紀のはじめ、アテネに滞在していたイギリス人ジャーナリストで歴史家のウィリアム・ミラーは、学識のある者よりも、むしろ、教育の程度の低いギリシャ人のほうが、これ見よがしに、学校で習ったカサレヴサの表現を日常の会話のなかでひけらかすさまを記録している。ミラーは、「山」を意味する古代ギリシャ語の代わりに、口語ギリシャ語を使ったとき、アテネの御者に咎《とが》められた。その御者は、口語ギリシャ語を使ったミラーに対して、「言語を汚すことは恥ずべきことだ」と言い、ヘロドトスとトゥキュディデスのどちらが難解かについて話をつづけたという。

日常の話し言葉は、「汚れた言語」であり、その対極にあるとされるのが、古代ギリシャ語である。古代ギリシャ語は、時間を超越した本質的に不変な言語であるとされ、過去の栄光を今に伝える古代の遺跡のようなものだと理解された。口語ギリシャ語とは、古代ギリシャ語の表面についた「垢」のようなものに過ぎない。この恥ずべき汚れを洗い落とし、古代との絆を確かなものにすることが近代人の責務であると、カサレヴサ支持派の知識人のみならず、ギリシャの民衆も考えていたのである。

3 ディモティキの浸透

二〇世紀はじめ、ディモティキ主義運動はめざましい躍進をみせた。しかし、ギリシャ社会は、一般のギリシャ人にとっての利便性を犠牲にしてまで、カサレヴサが体現する古代との絆の価値を認め、それを支持した。

若き教育者アレクサンドロス・デルムゾスは、一九〇八年、テッサリアのヴォロスに女子高等学校を設立した。この学校で、ギリシャで初めてとなる、ディモティキによる教育がおこなわれた。しかし、一九一一年、地元の聖職者が、デルムゾスの「進歩的」教育方針を怪しんで、人心を煽り、学校の閉鎖を求める運動をはじめた。彼らは、ディモティキ主義が、無神論的、反民族的であるだけでなく、子どもたちの肉体的・精神的堕落をもたらすと断じたのである。事態の解決は、裁判所にまで持ちこまれた。法廷で、デルムゾスの教育方針を批判した聖職者は、ディモティキ主義を、無政府主義、社会主義、無神論と同じであると主張した。証拠不十分で、デルムゾスは無罪放免となったものの、結局、世論の圧力によって、学校は閉鎖に追い込まれた。

この事件は、同年に修正された憲法の規定にまで影響を及ぼした。国会議員の間でも、ディモティキ派とカサレヴサ派が分裂し、どちらのギリシャ語がギリシャ民族の言語としてふさわしいか、議会で激論がつづいた。その結果、勝利を収めたのは、やはりカサレヴサだった。憲法第一〇七条によって、「国家の公用語は、ギリシャの憲法や法律が書かれている言語のことである。その言語を汚そうとするいかなる干渉も禁じる」と定められたのである。「カサレヴサ」という語が明記されなかった点に、ディモティキ派への妥協の痕が認められる。ただし、憲法や法律がすべてカサレヴサで書かれていた事実を考えると、この憲法条項によって、カサレヴサは、名実ともにギリシャの公用語としての地位を固めたことになる。この公用語条項は、一九二七年憲法ではいったん姿を消すが、一九五二年、一九六八年憲法では再び登場することになる。

公用語としてのカサレヴサの地位は揺るがなかったものの、ディモティキ主義運動の影響が、ギリシャ社会からまったく影をひそめてしまったわけではない。文学や演劇の分野では、ディモティキで書かれる作品が圧倒的に増えていった。それに加えて、学校教育の領域においても、ディモティキでの指導と学習が実現する道が開けてきたのである。一九一〇年に設立された教育協会（エクペデフティコス・オミロス）は、教育の場でのディモティキ使用の実現に焦点を絞った綱領を掲げた。ただし、協会は、あらゆる領域でのカサレヴサの使用を廃止し、それに代わってディモティキを用いることを強く要求していた、プシハリスたちの集団とは距離を置いていた。協会は、カサレヴサの使用についても、ある程度妥協する柔軟な姿勢を示し、ディモティキとカサレヴサの共存も視野に入れて、政府への働きかけをおこなった。協会のこの現実的な戦略は、比較的早期に効を奏することとなった。一九一七年、当時のヴェニゼロス政府は、協会の重鎮三人を、政府の教育関連機関の重要な職に任命した。ディミトリオス・グリノスが、教育省の総務に就任し、マノリス・トリアンダフィリディスと前述のデルムゾスは、初等教育主任監督官となった。彼らの指導のもと、小学校の四年生までは、ディモティキで教育がおこなわれ、国語の授業で生徒がディモティキを学ぶ制度が、初めて導入されることになった。

一九七六年に、最終的にカサレヴサが公用語の地位を追われるまで、小学校におけるディモティキ教育は、その時々の政府の方針によって、数度、廃止の憂き目にあった。しかし、一九一七年の初等教育へのディモティキ導入によるディモティキ普及の足場は、決して完全に崩されることはなかった。

領土拡張と言語政策

ディモティキの初等教育への導入の実現は、協会のカサレヴサに対する寛容な姿勢と、協会活動の努力、そしてそれを認めたヴェニゼロス政府との協調関係のみに帰されるものではない。ギリシャの領土拡張が、その背景にあることも見逃してはならないであろう。一九一二年から一三年のバルカン戦争で、ギリシャは念願のマケドニアを獲得した。第二章でみたように、マケドニアには、ギリシャ語以外の言葉を母語とする人々が多数住んでいた。実際、ギリシャ人ですら、カサレヴサを習得するのに骨を折っていたことを考えると、非ギリシャ語話者の苦労が並大抵のものでないことは、容易に想像される。バルカン戦争で敗北したブルガリアは、ギリシャ領となったマケドニアを、機会があれば自国領にしようと虎視眈々《こしたんたん》と狙っていた。ギリシャとしては、マケドニアの住民を言語的にギリシャ化し、ギリシャ民族としての自覚を持たせることで、新たな領土の国境を防衛する必要があったのである。そのためには、非ギリシャ語話者にディモティキによる教育をおこなうほうが、より早急に、彼らをギリシャ化することができると期待されたのだった。

テッサロニキ大学におけるディモティキ教育の実施も、これと同じ文脈で考えることができる。一九二六年に設立されたこの大学は、前述のトリアンダフィリディスとデルムゾスを教授に迎え、ディモティキ教育の牙城となった。アテネ大学教授やその学生は、前述のように、古代ギリシャ語を断固擁護しようとしていた。テッサロニキ大学は、それとは対照的な役割を担ったといえる。ギリシャ語以外のさまざまな言葉を話す住民が住む現実を前に、マケドニアに設立されたこの大学は、ディモティキを教育の言語として使用する必要があったのである。

ディモティキ文法書の出版

教育の領域でディモティキが受容されていったのは、ディモティキ主義運動が一定の成果をあげ、ディモティキが文章語たりうるとの認識がギリシャ社会全体に行き渡っていった結果ともいえる。一九三〇年代に入ると、ディモティキは、豊かな文学作品を生み出すための知識人の言語として、不動の地位を確立した。また、この頃には、独立戦争の英雄イオアニス・マクリヤニスが、ルメリ地方のギリシャ語方言で書いた回想録が、出版から約一世紀を経て、民族文化の新たな象徴として評価されはじめていた。ギリシャは、ようやく、古代だけでなく、自分たちと同時代の文化にも目を向けるようになっていった。ギリシャ人歴史家アンドニス・リアコスの言葉を借りるならば、カサレヴサは、「民族の言語」から「国家語」、つまり国家行政の言語へと変質しつつあった。

一九三八年には、国家の財政的援助のもと、トリアンダフィリディスが、ディモティキの文法書の編纂を委託された。トリアンダフィリディスによるディモティキ文法の特徴は、プシハリスの系統をひく人々が主張するディモティキの文法とは大きく異なっていた。プシハリス一派は、カサレヴサに背を向け、その影響を完全に排した文法を主張していた。対照的に、トリアンダフィリディスと彼の協力者は、カサレヴサのうち少なからぬ語彙や表現が、時の経過とともに、一般のギリシャ人の話し言葉となっている現実を否定しなかった。トリアンダフィリディスは、この現実を受け入れ、今日にいたるディモティキ文法の基礎を築いた。この国家主導のディモティキ文法書『近代ギリシャ語文法』は一九四一年に出版された。しかし、出版の二ヶ月前、ドイツ軍が侵攻し、ギリシャは枢軸国の占領下に置かれていた。枢軸国との戦い、日々の生存を賭けた戦いに明け暮れていたギリシャ人たちには、初めて出版されたディモティキの文法書に注意を払う余裕はなかった。

ディモティキへの偏見を超えて

このように、一九一〇年代後半から、ディモティキはギリシャ人一般に、自分たちの言語として徐々に受け入れられていった。ただし、カサレヴサの公用語としての地位は揺るがなかった。ディモティキが公用語と認められるまでには、ディモティキを色眼鏡でみる根強い偏見が一掃されなければならなかった。

「福音書事件」では、ディモティキ主義者を、汎スラヴ主義の手先と同一視する言説がみられた。福音書の口語訳に反対した者たちによれば、口語訳を支持する者たちは、スラヴ民族の主導者ロシアから金をもらって、「ひとつのギリシャ語」という概念に揺さぶりをかけ、ギリシャ民族の一体性を崩し、ギリシャと対峙するブルガリア人を支援しているのだ、ということになる。王妃オルガが、故ロシア皇帝アレクサンドル二世の親族であったことも、この主張に真実味を与えた。

ディモティキ主義者を、ギリシャ民族の敵と見なす発言はあとを絶たなかった。保守派の宗教・文化団体によって開催された一九二五年の「国民会議」では、「宗教・言語・家族・財産・道徳・民族意識・祖国の敵であり、それらを堕落させる者たちとの闘争」が唱えられた。そこでは、古代から継続してきた小アジアのギリシャ世界の歴史に終焉を告げた、一九二二年のギリシャ・トルコ戦争でのギリシャ敗戦の責任の一端は、ディモティキ主義者にあるとされた。一九二五年に樹立されたパンガロス将軍の独裁政権は、「毛むくじゃらたちの大勢は共産主義者である」と断言した。一九二六年には、国王支持派の新聞が、国家の基盤を侵食する勢力として、ディモティキ主義者と共産主義者を関連づけて報じた。

ギリシャ共産党の前身であるギリシャ社会主義労働党は、一九一八年に設立され、一九二四年に共産党と改称した。上述の団体や政府、新聞の主張とは裏腹に、ギリシャ共産党は、一九二八年にいたるまで、カサレヴサを使用していた。共産党は、カサレヴサを公用語と定めた憲法の規定を削除することは要求していたものの、それ以上、言語問題に踏み込んだ姿勢を示してはいなかった。党を代弁する新聞『リゾスパスティス』も、一九二七年までカサレヴサで書かれていた。興味深いことに、多くの左翼活動家は、ディモティキ主義をブルジョワ的運動と見なしていたのである。共産党とディモティキ主義が親近性を持ったのは、一九二六年に、教育協会の指導者のひとりである前述のグリノスが、突如としてマルクス主義に転向してからのことである。

第二次世界大戦では、数ある抵抗勢力がディモティキの使用を好ましいと考えた。一般大衆を動員して、枢軸国に対する抵抗運動を効果的に進めるためには、あらゆる層のギリシャ人が理解できるギリシャ語を用いることが必要だったからである。最も有力な抵抗勢力となった、共産党主導の民族解放戦線EAMが解放した領域では、ディモティキが公用語とされた。これにより、ギリシャ人大衆の動員はより容易となり、民衆にとって、政治がより身近なものとなった。

一方、戦時中の一九四二年には、「アクセント記号裁判」によって、アテネ大学教授カクリディスが二ヶ月の停職処分を受けた。彼は、古代ギリシャ語以来の伝統的な複数のアクセント記号を使用せず、単一のアクセント記号方式を用いて、ディモティキによる著書を出版したことが糾弾されたのである。カクリディスのディモティキは、クーデタの結果樹立されたメタクサス将軍の独裁政権(一九三六-一九四一年)の政治イデオロギーと関連づけられてもいた。ポピュリズムを標榜し、民衆の意を迎えようとしたメタクサス将軍は、「民衆の

「言葉」としてディモティキに寛容な態度を示していた。カクリディスを訴えた同僚のアテネ大学教授陣によると、ディモティキ主義者とは、クーデタという変則的な手段で、自分たちの主義主張を強要する無法者たちであるとされたのである。

第五章で見るように、ギリシャでは第二次世界大戦中から、共産主義勢力と反共産主義勢力の内戦がはじまる。共産主義勢力が敗北したあと、戦後は極右勢力の巻き返しによって、戦時中部分的には実現化したディモティキの公的使用は再び覆された。ディモティキを公の場面で使用することは、実質、犯罪行為であると見なされることとなった。

一九六七年に樹立された軍事独裁政権は、学校教育におけるディモティキの使用を完全に廃止した。軍事政権が標榜した、古代ギリシャと中世ビザンツに続く、新たな「ギリシャ・キリスト教文明」にふさわしいギリシャ語は、カサレヴサだった。ディモティキは、ギリシャ人のモラルを堕落させる言語と位置づけられた。子どもたちは、自分たちや両親、そしてほかの誰もが日常的に話している言葉が、間違ったギリシャ語であり、これらの言葉は不断の努力によって「正され」なくてはならないのだ、と学校で教えられた。抑圧的で非人道的なこの軍事政権は、一九七四年のトルコ軍のキプロス侵攻を招いたことをきっかけに、あっけない最後を迎えた。人心からすっかり見放されたこの政権と結びついていたカサレヴサの権威は、この時点で完全に失墜した。

民主政の復活とともに、一九七六年、カサレヴサに代わって、ディモティキがついに公用語として認められた。一九四一年に出版されたトリアンダフィリディスの『近代ギリシャ語文法』の改訂版が出版され、標準的なディモティキとして、学校教育で用いられた。議会や公的機関でもディモティキが使用されるようになった。

近現代ギリシャの歴史にとって初めてといえる安定的な民主政の幕開けと、公用語としてのカサレヴサの廃止は無縁ではない。とはいえ、政治体制の転換だけが、カサレヴサからディモティキへの移行の実現を可能にしたとは言い切れない。第二次世界大戦と内戦ののち、ギリシャ国内では、人々の流動性が高まった。特に都市部には、さまざまな地方の町や村から人々が集まり、教育レヴェルも一様ではない、多くの異なる職に従事する人々が共生する社会が生まれた。このような社会の変化が、ディモティキの公用語化を、間接的にではあれ、必然とする状況を生みだしていった。この人口移動の結果、新興の中間層が社会の主力として台頭し、カサレヴサの知識を持つことで、他の社会層に対し優位を保っていた旧来のエリート層は消え失せることになった。

近代ギリシャ文化の成熟

新興勢力のギリシャ人にとって、日常のコミュニケーション手段であるディモティキが公用語とされることは、自分たちが国家の成員として正式に受け入れられることだった。ディモティキの公用語化は、これまでカサレヴサの知識がなければ不可能だった、国家のさまざまな組織に近づく道を、彼らに切り開いてくれたからである。さらに言うならば、ラジオやテレビといったメディアの発達が、言語に対する人々の態度に与えた影響も無視することはできない。ニュース報道は、カサレヴサで読まれていたものの、流行歌はディモティキで歌われ、ドラマ、コマーシャルは、ディモティキで放映されていたのである。ディモティキが、ギリシャ民族の言葉としてふさわしいと、ギリシャ人自身が認めるのは時間の問題ともいえた。

ただし、カサレヴサが近代以降のギリシャ語に与えた、積極的な意義にも触れておく必要があるだろう。カサレヴサは、ディモティキには欠けていた、抽象的概念や近代の科学技術とその成果をあらわす言葉を作り出した。古代語の語彙を蘇らせたり、それらを組み合わせた造語で、ギリシャ語の語彙を豊かにしたのである。「文明（ポリティズモス）」や「バス（レオフォリオ）」はその一例である。これらが、カサレヴサを支持した人々によって、人工的に生み出された言葉であることを意識しているギリシャ人は、今日ほとんどいない。カサレヴサ起源の多くの語彙が、今日のディモティキのなかに、しっかりと根付いているのである。

一九七九年、詩人オディッセアス・エリティスがノーベル文学賞を受賞した。一九六三年の詩人ヨルゴス・セフェリスに続いて、ギリシャにとっては二人目のノーベル賞受賞者だった。エリティスは、ディモティキによって詩作をつづけていた。彼は、受賞記念講演で、こう述べた。「みなさん、わずか数百万の人々が話している言語で、私は書くことを許されてきたのです。しかし、この言語は、大きな変化をほとんど被ることなく、二五〇〇年以上にわたって、間断なく話されてきたものです。この驚くべき空間と時間の隔たりは、私の国のさまざまな文化的局面のなかに見出されます。この言語が地理的に占める領域は、最も小さな空間のひとつにすぎません。しかし、この言語は時間的には果てしなくつづいています」。ここで言われている「言語」とは、もちろんギリシャ語である。私たちは、書かれた言葉としての古代のギリシャ語を知ることはできるが、古代のギリシャ人が話したギリシャ語が、実際どのような言葉だったのかを知る手段を持たない。しかし、エリティスがこの講演で、ギリシャ語が「大きな変化をほとんど被ることなく、二五〇〇年以上にわたって間断なく話されてきた」と敢えて言ったのは何故だったのだろうか。彼の発言は、ギリシャが独立して以来、一世紀以上にわたってつづいてきたギリシャ語をめぐる論争が、この数年前、ディモティキの公用語化という形でようやく決着を見たことと無縁ではないように思われる。ふたつのギリシャ語が併用される状況が解消されたことによって、ふたたびギリシャ人は、真の意味で「自分たちの言語」を古代からつづくギリシャ語の歴史の流れのなかに位置づけることができたと確信したからこそ、エリティスは、ノーベル賞の記念講演という世界に向けた場で、このような発言をしたのではないだろうか。

二〇世紀を代表するイギリスの著名な歴史家アーノルド・トインビーは、「カサレヴサは、自分たちの先祖にあたる古代ギリシャ人を前にしたとき、近代ギリシャ人が自分自身に抱く不信が生んだ代物である。近代ギリシャ人は、先祖に対して、まったく歯が立たないと感じているのだ」と評した。エリティスの発言には、トインビーが言うところの古代人へのコンプレックスはもはや見られない。むしろ、近代ギリシャ人として、ギリシャ語を継承する者としての自信が感じられる。講演の中で、彼は、古代のサッフォーやピンダロスの名前とともに、ソロモス、パラマス、カヴァフィス、カザンザキス、セフェリスといった近代ギリシャの詩人や作家を列挙している。エリティスの講演は、その意味で、近代ギリシャの文化が成熟して、ようやく古い豊かな伝統と肩を並べることになったと、ギリシャ人自身が見なすにいたったことを象徴的に宣言している。

第四章　闘う政治家ヴェニゼロスの時代（一九一〇 - 三五）

1　クレタ島のエレフセリオス・ヴェニゼロス

アテネの国際空港の正式名は、エレフセリオス・ヴェニゼロス・アテネ国際空港である。アメリカ合衆国ニューヨークの国際空港が、ジョン・F・ケネディの名を、フランス・パリの国際空港が、シャルル・ド・ゴールの名を冠しているのと同様、ギリシャも国際空港に、自国の歴史に多大な影響を及ぼした政治家の名を与えている。空港内には、ヴェニゼロスの業績について説明するコーナーが設けられている。

一九一〇年代から三〇年代半ばまでのギリシャの国内政治を、ヴェニゼロスなしに語ることはできない。彼は、この間、八回、計一二年にわたって首相を務め、国の指導者としての役割を果たした。彼は、ヨーロッパ政治の舞台で、列強の政治家を前に、大きな存在感を示した、数少ないギリシャ人政治家のひとりであった。第一次世界大戦後のパリ講和会議で、ヴェニゼロスの立ち居振る舞いを目の当たりにした、イギリス人外交官で歴史家のハロルド・ニコルソンは、「ヴェニゼロスとレーニンだけが、ヨーロッパの最も偉大な政治家である」と、当時父親に宛てた手紙に書いた。

ただし、ヴェニゼロスがおこなったすべてのことが、肯定的に評価されてきたわけではない。近現代ギリシャの歴史において、ヴェニゼロスほど評価の分かれた政治家はいない。近代ギリシャの国家建設に多大な貢献をなした英雄として称賛し、「救済者」あるいは、ペリクレス（紀元前五世紀の民主政最盛期の都市国家アテネの政治家）にたとえる者がいた。その一方で、ギリシャ国家に分裂をもたらした張本人として厳しく非難する者もいた。ヴェニゼロスは、混迷するギリシャの国内政治に新風を巻き起こし、近代国家にふさわしい法整備や行政改革を断行した。さらに重要なこととして、第二章でみたように、ギリシャ人の悲願であった「メガリ・イデア」の夢を大きく前進させた。ギリシャの大幅な領土拡大は、彼の統治期に実現された。一方、ギリシャの政界にヴェニゼロスが登場したことで、ギリシャ人が、ヴェニゼロス派と反ヴェニゼロス派（王党派）に二分される事態にもなった。この分裂は、戦間期のギリシャ社会の癒えることのない傷となった。

生い立ち

エレフセリオス・ヴェニゼロスは、一八六四年、オスマン帝国支配下のクレタ島北西の海に面する都市ハニァで生まれた。父キリアコスと母スティリアニには、少なくとも九人の子

エレフセリオス・ヴェニゼロス（1864-1936）

どもがあったが、そのうち三人は幼少期に亡くなった。エレフセリオスは、生き残った六人（三人の姉と一人の妹、そして兄一人）のうち五番目の子どもだった。父キリアコスは、家庭用雑貨を扱う商店を経営していた。彼は、当時のクレタの正教徒に典型的に見られたギリシャ愛国主義者で、島がギリシャ領として統合されることを望んでいた。一家は、一八六六年から七二年に、ギリシャ領のシロス島に、一時的に暮らした。この時、エレフセリオスは、ギリシャの国籍を取得したと言われている。

エレフセリオスの兄アガソクリスは、身体と精神に障害を持っていた。このため父は、エレフセリオスが自分の商売を継ぐことを強く希望していた。しかし、エレフセリオスの運命は、クレタの一介の商人として、平凡な人生を送るように定められてはいなかった。アテネとシロス島のギムナシウムで学んだエレフセリオスは、一六歳のときにクレタに戻り、父の意向にしたがって、一八八〇年六月から一八八一年一〇月まで、商人になるために父のもとで修業した。しかし、間もなくエレフセリオスの人生の転機が訪れた。在クレタ・ギリシャ総領事のゲオルギオス・ジゴマラスは、友人キリアコスの息子エレフセリオスの聡明さを高く評価していた。彼に説得されたキリアコスは、エレフセリオスがアテネ大学法学部で学ぶことを許したのである。

エレフセリオス・ヴェニゼロスが、将来ギリシャの首相となる器を持つ人物であったことを物語る、大学時代の逸話がある。一八八六年一一月、のちにイギリスの植民地相となる政治家ジョセフ・チェンバレンと面会したときの出来事である。チェンバレンは、中近東を旅したあとに、アテネに立ち寄り、アテネの日刊紙『アクロポリス』のインタヴューに応じて、ギリシャの政治状況について語った。その中で、チェンバレンは、クレタの人々はオスマン帝国領から離脱することを望んでいるが、ギリシャに統合されることは望んでいない、とイスタンブル在住のある著名なギリシャ人が彼に語ったと述べた。イギリスの有力政治家が、クレタ問題についてこのような理解を示していることに、アテネ在住のクレタ出身者たちは強く反発した。ヴェニゼロスもそのなかのひとりだった。彼を含めた五人のクレタ出身のアテネ大学の学生は、クレタ問題についてチェンバレンの理解を正すため面会を申し入れた。このときの学生の代表者が、ヴェニゼロスだったと言われている。クレタの人々は、ギリシャ領への統合をこそ望んでおり、そのためにこれまで戦ってきたのだということを、ヴェニゼロスはチェンバレンに雄弁に説いた。チェンバレンは、学生たちに大きな感銘を受けた。翌日、クレタ出身で、当時ギリシャ国立銀行総裁だったマルコス・レニエリスが、クレタ問題へのイギリスの介入を要請したとき、チェンバレンはこう語ったという。「昨日私を訪ねてきた学生たちのような人材がいれば、君の故郷がトルコ人たちから解放されないと心配する必要などないね」。

一八八三年、父キリアコスが亡くなった。ヴェニゼロスは、クレタに戻り、二年間、父の商売をつづけながら、残された家族の面倒を見た。その間も学業をつづけたいとの思いは衰えず、アテネとクレタを往復しながら、大学の授業に出席し、試験を受けた。一八八五年、家庭の経済状況が安定すると、ヴェニゼロスは、父の店をたたみ、学業に専念するためアテネに戻った。一八八七年、大学を卒業した彼は、故郷のハニァで弁護士としての仕事をはじめた。同時に、新聞『レフカ・オリ』の発行・編集人として、クレタの政治状況を論じる記事も書いた。ヴェニゼロスは、オスマン帝国によるクレタ支配をあからさまに批判する一方、クレタのギリシャ人正教徒が、政治的主導権をめぐって常に分裂し、イスラーム教徒との間で殺し合いをつづけていることに厳しい目を向けた。彼の考えでは、クレタの住民全体が和解して、平和的な状況を築くことがまず重要であり、ギリシャへの統合は、その次にめざすべきことだった。

政治の世界へ

統合のための性急な行動にはしるのではなく、適切な手順を踏む必要を説くヴェニゼロスの穏健な姿勢は、一八八九年、彼が二四歳でクレタ議会の議員に選出され、初めて政治の世界に足を踏み入れたときにも見られた。彼は、クレタ島のギリシャ統合問題について、ギリシャの改革派の政治家として当時知られていた、首相経験者のハリラオス・トリクピスと同じことを危惧していた。ヴェニゼロスは、統合を実現する際に頼みの綱となるギリシャの陸海軍の近代化が、遅々として進んでいないことを熟知していた。そのような状況のもとで、クレタで反乱を起こしても成功する見込みはなく、むしろ状況は悪化するだけであると思われた。彼が生来持っていた、現状を見極め、それに現実的に対処する能力は、このころから芽生えていた。ヨーロッパ列強の忠言に従って、時機を見て巧みに行動すれば、クレタはいずれギリシャに統合されるだろう。彼はそう見込んでいた。現実主義に立脚し、目標を達成しようとする彼の態度には、オスマン帝国に支配された一地方の政治家から出発して、やがてはギリシャ王国の首相として、列強の政治家と巧みに渡り合うようになる、のちの彼の姿を早くも認めることができる。

早期の統合には慎重な姿勢を見せていたヴェニゼロスだったが、状況次第では、これまでの態度に固執することなく、躊躇《ちゅうちょ》せずに行動に踏み切ることもあった。この点においても、彼は、指導力のある政治家としての資質を示していた。その好例が、一八九六年にはじまるクレタの蜂起の際、彼がとった行動だった。蜂起は、九七年の二月、ハニァの北東に位置するアクロティリに集結した叛徒たちが、ギリシャへの統合をめざして、ギリシャ国旗を掲げたとき、ひとつの山場を迎えた。ヴェニゼロスについて書かれた数々の評伝は、このときのヴェニゼロスを、クレタのギリシャ人正教徒を率いる、愛国心に燃えた英雄的指導者として描き、ヴェニゼロスにまつわるさまざまな「神話」の欠かせないひとコマとしている。

確かに、彼は、このとき指導的な立場にいた。しかし、それはさまざまな状況が複雑に絡みあった結果であって、彼がイニシアティヴをとったわけではない。実際彼は、このときの蜂起が、時宜を得たものだとは考えていなかった。しばしば評伝が描くように、統合の実現に率先して行動したわけではなかった。この蜂起が、クレタのギリシャへの統合に直結すると考えるほど、彼はおめでたい人間ではなかった。ただし彼は、この蜂起を、クレタのギリシャ人正教徒の状況を有利に運ぶため、外交的に利用できると見抜いていた。併合に反対していたヨーロッパ列強が、クレタの叛徒が掲げたギリシャ国旗に向かって砲撃をおこなったことは、欧米の世論に大きな衝撃を与えた。イスラーム教徒の支配からの解放を求めるクレタのキリスト教徒に、同じキリスト教徒が攻撃したことに対して、強い反発が広がった。その結果、列強は、クレタの度重なる蜂起の歴史の上ではじめて、島のギリシャ人正教徒を交渉相手として認めることになったのである。ヴェニゼロスの読みは的中した。もちろん、彼は叛徒側の代表のひとりとして交渉のテーブルについた。だが、交渉は間もなく打ち切られた。九七年四月、ギリシャとオスマン帝国の戦争がはじまったからである。

蜂起、そして英雄に

第二章で見たように、この戦争で、ギリシャは大きな敗北を喫した。しかしクレタは、ヨーロッパ列強の介入により、オスマン帝国を宗主国としつつ、自治権を獲得したのである。ヴェニゼロスは、憲法の起草にたずさわり、ギリシャ国王ゲオルギオス一世の第二子ゲオルギオスを高等弁務官とする新体制で、法務大臣に就任した。彼は、民法や刑法をはじめとする法律の改正や、近代的な警察制度の整備につとめた。

とはいえ、ヴェニゼロスをはじめ、クレタの多くのギリシャ人正教徒が望んでいたのは、自治ではなく、ギリシャへの統合だった。ゲオルギオスは、統合に向けて、列強の代表者と交渉を続けていたが、成果は得られなかった。一方、ヴェニゼロスは、外交問題について、クレタ住民の意見に耳を傾けようとせず、列強のご機嫌伺いをしているゲオルギオスに不満を募らせていた。彼は、島の住民から構成される公式の軍隊を創設し、駐在している列強の軍隊を撤退させることで、クレタの安定を図り、そのうえで、ギリシャとの統合を実現させるべきであると主張した。これは、ギリシャでは、クレタの独立をめざす「裏切り行為」であるとの悪評をまねいた。外交は自分の職権であると見なしていたゲオルギオスは、一九〇一年三月、さまざまな横槍を入れようとするヴェニゼロスを罷免した。彼が統合反対派であるというような、多くの中傷記事も書かれた。ヴェニゼロスは、政治的な力を失った。

しかし、ヴェニゼロスは、ペンの力によって体制批判を開始した。ゲオルギオスの政府は、ヴェニゼロスの主張を掲載した新聞『キリクス』を廃刊に追い込み、名誉棄損の罪でヴェニゼロスを投獄した。

ヴェニゼロスに残された道は、実力行使によるゲオルギオス政府の打倒だった。彼は一七人の仲間とともに計画を練った。三〇〇名の同志が加わり、やがて、七〇〇〇人の支援者を得た。一九〇五年三月、彼は蜂起を決行した。ヴェニゼロスは、ゲオルギオスが高等弁務官でいる限り統合はありえず、問題の解決には、クレタをギリシャに即座に統合するしかないと宣言した。数日後、クレタ議会は、ゲオルギオスに対し、統合問題について列強の代表と話し合うよう要請した。ゲオルギオスは板挟みの状態に陥った。列強が話しあいに応じる可能性は皆無に近かった。だからといって、議会の要請を無視すれば、自分を後押しする人々

――彼らにしても、統合は悲願だった――の支持を失うことになるだろう。さらに、ヴェニゼロスたち叛徒に、島の警察権力が武力で応じることは、ギリシャ人同士の殺し合いをまねくことを意味していた。それは絶対に避けなければならないことだった。ヴェニゼロスのほうが明らかに上手だった。ヴェニゼロスは、列強が必ずや仲裁に入ると見越していた。彼は、列強の代表者と面会することにも成功した。即座の統合要求については、列強に妥協し、撤回せざるを得なかった。しかし、列強はゲオルギオスをもはや支持しないという確約をとりつけた。

一九〇六年九月、ゲオルギオスはクレタ島を去った。列強の承認のもと、ギリシャの元首相アレクサンドロス・ザイミスが、新たな高等弁務官として赴任した。彼は前任者と同じ失敗は繰り返さなかった。選挙で勝利したヴェニゼロスの一派に、行政全般を一任した。ヴェニゼロスは、政治体制と法体系の整備をすすめると同時に、ギリシャ人将校指揮下の軍隊を創設し、島の正常化と安定化に努めた。

今や、ヴェニゼロスの名は、ギリシャ本土に広く知れ渡ることになった。同時に、彼が反統合派であるとの見方は一掃された。クレタの指導者ヴェニゼロスは、一躍、ギリシャ民族の英雄としての名声を獲得したのである。数年後、彼が、ギリシャの首相として熱狂的にギリシャ国民に迎え入れられる素地が整えられた。

2　混迷のギリシャ政治とヴェニゼロス政権の黄金期

二〇世紀初めのギリシャは混乱を極めていた。一八九七年のオスマン帝国との戦争での大敗北は、一〇年以上にわたって、ギリシャの政治だけでなく、社会にも深刻な影響を及ぼすことになった。ギリシャ軍は、建国以来初めてとなる戦争で、惨めな戦いぶりを露呈した。わずか三〇日足らずの戦いで、オスマン軍に完全に打ち負かされてしまったのである。

この大敗北は、「メガリ・イデア」の実現は不可能なのではないかという空気を、ギリシャ社会に生み出した。ギリシャ人は、「メガリ・イデア」を阻む敵国と闘うだけの軍事力を持たないだけでなく、自分たちの国家や民族の最終的な運命は、結局のところ列強の意向に左右されるのだという現実を認めざるを得なかった。あるイギリスのエッセイストは、弱小な軍事力しか持たぬ一方で、領土拡張の夢だけは追い求めるギリシャ人を皮肉って、こう書いた。「不運なことではあるが、われわれのこの世界で、物的な強みをまったく持たずに、高邁《こうまい》な望みだけでそれを補おうとするのは無理な話だ。まして、人々がその野心に見合うだけの生き方をしていないなら、なおさらだ」。

世論は、敗戦を、王室と政治家の責任であると主張した。戦時に、テッサリアで指揮をとっていた皇太子コンスタンディノスの無能ぶりが言い立てられた。国王ゲオルギオス一世は、海軍の動員を遅らせたことを批判された。王室に対する国民の反感は高まった。国王は退位をも考えなければならないほどだった。敗戦の翌年、国王の暗殺未遂事件がおこった。王室への批判は一転して、国王への同情の声がわきおこった。とはいえ、王室が、国民から完全に信頼を取り戻すことはなかった。

敗戦後、国家機構のあらゆる面での改革が叫ばれていた。しかし、政治家たちには、国家再生のための、実効ある改革を推し進めるだけの気概が欠けていた。派閥対立をつづける政治家たちは、国家再建という共通の目的のために団結することもなければ、改革実行の先頭に立つこともなかった。政治の世界では、党や派閥の利益の追求だけがまかり通っていた。

一九〇六年、改革を志すディミトリオス・グナリスをはじめとする七人の政治家が立ち上がった。党首ステファノス・ドラグミスは、派閥に属さない、人々の尊敬を集める老齢の政治家だった。彼のもとに、若手の議員たちが集まった。これまでの腐敗した政治を打ち破り、全ギリシャ国民の利益となる国家の再建をめざすことを標榜した。彼らは、日本人党という名称で知られるようになった。一九〇四年から〇五年の日露戦争で、大国ロシアに勝利した小国日本の姿と、少数の力で、政治の大改造を断行しようとする彼らの姿が重なったためだった。メディアは、彼らが「平和的な革命」の先頭に立つことを期待した。しかし、この小さな政党だけでは、次元の低い派閥政治に染まっていた旧来の政治家たちを、国の再生に立ち向かわせることはできなかった。日本人党は、大きな成果をあげられぬまま、わずか二年で解散した。

軍事クーデタ

一九〇九年八月、若い将校を中心とした軍内部の秘密結社、軍事同盟(ストラティオティコス・シンデズモス)によるクーデタが、行きづまったギリシャ政治に風穴を開けた。軍は、無血革命により、ラリス政府を打倒した。人々はこのクーデタを歓喜の声で迎えた。軍事同盟の主役たちは、国家の英雄と見なされた。軍事同盟は軍事独裁をめざしたわけではない。彼らは、議会制のもとでの政治の再生と内政改革の実施を要求した。クーデタ直後に出された宣言は、「宗教の尊重、誠実な行政、迅速で公平な裁判、国家の実際的必要と国家の軍事的必要にみあった教育、生活、名誉、財産の保障、国民が重税から解放されるため、そして無駄と汚職をなくすための財政再建、陸軍と海軍の早急な再建に向けた緊急軍事政策」が実行に移されることを要求した。

最後に挙げられた陸軍と海軍の再建は、軍事同盟の将校たちにとって、もっとも重要な課題だった。前年、オスマン帝国で勃発した青年トルコ人革命は、マケドニアをはじめとする帝国領内の民族間の対立を一時的に鎮静化させた。しかし、青年トルコ人政府が右傾化し、トルコ民族主義を鮮明にするにつれて、マケドニアはふたたび暴力の渦の中に巻き込まれようとしていた。停滞するギリシャの国内政治状況では、軍の増強もままならない。愛国的な軍事同盟の軍人たちは、軍事的な無力さのゆえに、「メガリ・イデア」の実現から遠ざかってしまうことに、もはや我慢ならなかったのである。クーデタは、軍人たちの不満を超えて、国民全体に鬱積《うっせき》していた、国家の機能不全に対する不信の念をあらわした、象徴的な出来事だった。

クーデタ後に成立した傀儡《かいらい》政権は、軍事同盟の期待に応える能力がなかった。軍事同盟によるさまざまな改革の要求を、速やかに実行に移してくれる政治家の選択が急務とされた。クーデタ以前に議会を牛耳っていた政治家は、政治の停滞と腐敗の元凶と見なされ、信用できなかった。軍事同盟は、かつて日本人党で改革の声をあげたグナリスとペトロス・プロトパパダキスに組閣の要請をした。しかし、ふたりはこれを断った。暴力も辞さないという脅しによって政治に介入した軍事同盟を、国民の合法的な代表者と見なすことはできない、というのがその理由だった。特に、議会主義政治の信奉者だったグナリスには、理由はどうあれ、軍が政治の領域で決定的な役割を果たすことを認めることはできなかった。

軍事同盟は、ギリシャの国外に目を向けた。彼らの目にとまったのが、クレタのヴェニゼロスだった。グナリスとは異なり、ヴェニゼロスは、軍事同盟のクーデタを支持していた。彼が編集長をつとめる新聞『キリクス』は、軍事同盟の将校たちの行動は、軍だけでなく、ギリシャ人全体が望んでいた「革命」を実現したと高く評価した。彼は、議会主義が最善の政治形態であると考えてはいなかった。彼は体制そのものよりも、それが実際どう機能するかのほうに関心を向ける政治家だった。ギリシャの議会主義政治が腐敗し、行きづまっているならば、議会主義にもはや存在意義はない。クーデタが、過去のギリシャ政治と決別し、国を新たに生まれ変わらせる機会をもたらしたのなら、これを忌避するいわれはない。軍事同盟にとっては、ヴェニゼロスが、それまでのギリシャ政界の派閥と無縁だったことも、ギリシャの新しい指導者にふさわしいように思われた。軍事同盟は、ヴェニゼロスに首相の座を申し出た。

首相就任後

一九一〇年一〇月、ヴェニゼロスはギリシャの首相に就任した。軍事同盟は、同年初めに、ヴェニゼロスの説得に応じ、すでに解散していた。首相就任直後の議会選挙では、彼を党首とする自由党が、全三六二議席のうち、三〇七議席を占める大躍進をみせた。自由党の当選者のうち、二四五名が、まったくの新人議員だった。特定の政治家一族が影響力を持っていたギリシャ政界にとっては、前例のないことだった。閣僚は議員経験者によって占められたが、大臣職に就くのはみな初めてだった。何よりも、首相ヴェニゼロス自身にとって、初めてのギリシャ議会だったのである。文字通り、ギリシャ政治に新風が吹いた。ここから一九一六年まで、ヴェニゼロス政権の黄金期がはじまることになる。

ヴェニゼロスは、ギリシャを後進的な状況から脱却させ、文明世界を牽引するヨーロッパの大国に認められる、近代的な国づくりをめざした。彼は、強力なイニシアティヴを発揮して、国のさまざまな分野における新しい政策を次々に打ち出した。

ヴェニゼロス政府がまず取り組んだのは、憲法の改正である。一八六四年制定の全一〇八条からなる憲法のうち、五三もの条項が修正された。議会を効率的に運営するために、定足数を全議員数の二分の一から三分の一に減らした。それまでのギリシャ議会では、派閥争いから議員が大挙して議会を欠席し、意図的に議事進行を遅らせることが頻繁に見られたからである。さらに、軍人、公務員、および公的団体や銀行の役員が、議会に議席を持つことが禁じられた。行政の能率向上のための法改正もおこなわれた。公務員は、産業が未発達のギリシャにおいて、もっとも安定した収入と社会的地位を得られる職業だった。そのため、支持者に公務員職を約束して、票を稼ごうとする政治家が跡を絶たなかった。法改正により、公務員の終身雇用が定められ、政権が交替するたびに総入れ替えとなっていた、それまでの制度が廃止された。公務員の採用も、縁故によるのではなく、試験による選抜とした。国家権力の拡大も図られた。従来、地方行政に一任されていた教育が国の管理下に置かれ、初等教育の義務化と無償化が定められた。個人の利益より、国益が優先されることもあった。たとえば、国益のため、国が個人の財産や土地を没収することが可能とされた。また、陪審員による裁判の権利、身体拘束時に令状の提示を求める権利、集会の権利や表現の自由の権利といった、いくつかの権利を、国家が停止できることになった。この修正は、後年徐々に明らかになる、ヴェニゼロスの保守的な一面を反映している。

ヴェニゼロスは、国の近代化のためには、産業の発展が不可欠と考えていた。その基盤として、道路建設や郵便電信システムの改善といった公共事業に取り組んだ。同時に、国内の安全と治安を守るための警察機構を改革した。さらには、新たに国民経済省を創設した。この省の管轄の下、農業生産の向上を目的とした専門家養成の学校が創設され、農業従事者への技術指導もおこなわれた。長年の懸案であった土地改革にも取り組み、農民に土地を与えて自作農とする政策を進めた。さまざまな産業の動向を分析できるよう、正確さを欠くとして悪名高かった統計局も再編された。

税制にもメスが入れられた。それまで、国庫は間接税に大きく頼っていた。この制度は貧しい者に著しく不利であり、かつて日本人党が、直接税を歳入の基盤とすべきであるとして、強く改革を求めていたものであった。ヴェニゼロス政府の手によって、建国以来はじめて、累進所得税が導入された。会計局や税関の再編によって、非効率な徴税システムの是正も図られた。これまで野放しにされていた密輸に対する厳しい取り締まりや、滞納された税の取り立ても実行に移された。ステファノス・ドラグミスを首相とする繋ぎ政権の健全な財政政策にも助けられた結果、ヴェニゼロスは、増税することなく、歳入を増加させることに成功した。ギリシャの財政は、数十年にわたる赤字から黒字に転じたのである。

ヴェニゼロス政府は、社会改革にも積極的な姿勢を示した。労働者の地位改善と権利を保障する法律が次々と可決された。女性と子どもの最低賃金、週六日労働が定められ、労使関係を調整する委員会が創設された。労働組合が合法化され、雇用の条件として雇い主／会社から加入を強いられる企業内組合（御用組合）は禁止された。健康保険システムの創設に関する法律も制定された。このような社会政策には、ギリシャを含めたバルカン半島諸国で、当時見られるようになっていた社会主義運動や、農民運動を抑制する効果があった。

改革の目的とは

ヴェニゼロスは、産業の振興と社会保障の充実、税制の改革によって、当時大きな社会問題となっていた移民の流出を、なんとか食い止めようと考えていた。一九世紀末にギリシャを離れ、他国に移住した者は、年間わずか二〇〇〇人程度だった。ところが、二〇世紀にはいると、その数は激増した。一九〇七年の四万六〇〇〇人を頂点に、その後も毎年四万人前後のギリシャ人が国外に移住した。移民増加の背景には、ギリシャの主要輸出産品であった干し葡萄の価格の下落による国民経済の疲弊と、税制や土地問題が複合的に結びついた結果生じた貧困があった。人口およそ二八〇万人の小国にとって、移民の流出は大きな痛手だった。二〇世紀はじめの一〇年間の移民の合計は約二五万人にのぼった。そのうちの大部分がアメリカ合衆国に向かった。彼らは、鉄道建設や炭鉱労働、あるいは、靴磨きや行商人、食堂の経営などで生計をたてた。移民からの、ギリシャへの送金は、ギリシャ経済を支える重要な柱となりつつあった。一方、働き盛りの男たちが国を去ることは、大きな問題であると見なされた。当時の資料によると、ギリシャ人移民の八七%が、一五歳から四〇歳までの男性だった。政府の無策が、産業の発展になくてはならない貴重な労働力と、軍事力を支える成年男子層を、失う結果をもたらしていたのである。ヴェニゼロス政府は、移民問題を調査する委員会を発足させた。

ヴェニゼロスがめざす、文明世界に認められる国の力は、最終的には、近代的な軍事組織によるほかないものであった。軍事力は、「メガリ・イデア」を、単なる夢に終わらせないためにも絶対不可欠の要素だった。ヴェニゼロスは、ギリシャが周辺諸国に対抗できる軍事力を持つまで、外交では自重が必要だと判断した。ヴェニゼロスが首相に就任したとき、オスマン帝国もヨーロッパ列強も、ギリシャはクレタの併合を強行するのではないかと考えた。しかし、クレタでのこれまでの行動から、そのような憶測が生まれるのは無理もないことだった。しかし、ヴェニゼロスは、現実を見極める目を持っていた。彼は、クレタ問題をめぐって、オスマン帝国とヨーロッパ列強を挑発するようなことは決してないと明言した。自他ともに認めるクレタ併合支持派であり、「メガリ・イデア」推進のシンボル的存在に祭り上げられていたヴェニゼロスではあったが、国際政治でリスクを冒すことは避けたのである。クレタでは、ヴェニゼロスの首相就任を機に、ギリシャに議員を送り込もうとする動きが見られた。ヴェニゼロスは、断固としてこれを阻止したのである。

軍隊の近代化のため、外国から専門家が招聘された。陸軍は、フランス人顧問団に一任された。陸軍を統帥したのは、皇太子コンスタンディノスだった。軍事同盟によるクーデタの際、彼は一時的に国を離れていたが、国益のためには、王室との関係改善を優先すべきであると考えたヴェニゼロスの仲介により、以前の地位に復帰していた。ドイツで軍事訓練を積んだコンスタンディノスは、フランス式のやり方には、当初強い拒否反応を示した。しかし、一九一二年には、陸軍改革の成果を認めざるを得ないほど、その能力は高まっていた。徴兵が義務化され、常備軍は六万人から一〇万人に増加した。さらに、一三万五〇〇〇人の兵を動員できる態勢を整えた。

海軍の再編はイギリス人が担当した。ギリシャ人の海軍将校が、イギリスに派遣された。イギリス海軍の指導のもと、エーゲ海とイオニア海で繰り返し訓練がおこなわれた。艦隊の拡充も実行に移された。駆逐艦六隻、潜水艦一隻と、巡洋艦が配備された。

軍備増強には莫大な費用を要した。資金は、外国からの融資によって調達された。財政状況の改善と、それにともなう通貨ドラクマの安定により、信用が高まったことで、ヴェニゼロスは潤沢な資金を手にすることができたのである。

軍事再建に注がれた努力は、時をおかずして報われた。一九一二年から一三年のバルカン戦争で、ギリシャは勝利した。ギリシャは、クレタ島を含む新たな領土を獲得し、国土の面積は約二倍となった。人口は二八〇万人から四八〇万人に膨れ上がった。ヴェニゼロスは、内政、外交の両面で、ギリシャを再生させたカリスマ的指導者として、時代の寵児《ちょうじ》となった。

さらに、第一次世界大戦でも戦勝国となると、ヴェニゼロスは、パリ講和会議で、並みいる列強の大物政治家と堂々渡り合った。その結果、一九二〇年八月のセーヴル条約によって、最大限の領土割譲を引き出したのであった。「メガリ・イデア」の完成は目前と見えた（第二章参照）。

3　敵と味方

ところで、ギリシャ政界で発揮された、ヴェニゼロスのリーダーシップは、必ずしもすべてのギリシャ人に高い評価を受けていたわけではない。ヴェニゼロスの政治手腕をめぐっては、多くのギリシャ人が、彼を支持する陣営と敵対する陣営のどちらかに、みずからを位置づけるようになっていた。

閉塞状態に陥っていたギリシャ政界に、ヴェニゼロスはたしかに新たな活力をもたらした。ヴェニゼロス政権下での、バルカン戦争の勝利とその後の領土拡大で、ギリシャ人は、一八九七年の敗戦以降失っていた自信と自尊心を取り戻した。ヴェニゼロスは、それまで政治的な回路を得られなかった新興の中産階級から圧倒的な支持を受けた。マケドニアやクレタといった、新たにギリシャ領に併合された地域のギリシャ人も、ヴェニゼロスを「救済者」として崇め、熱狂的に支持した。さらなる領土の拡大をめざしていた軍人たちも、ヴェニゼロス派の主流を構成していた。

一方、改革主義的なヴェニゼロス政治の基本方針と、「メガリ・イデア」実現への並々ならぬ意志を、不安の目で見つめているギリシャ人たちがいた。旧来の政治体制のネットワークとコネクションから利益を享受していた者たちである。バルカン戦争後の新領土の獲得と人口の急激な増加は、国家機関の公職を独占してきた旧領土のギリシャ人の脅威となった。自分たちから職を奪うかもしれない、潜在的な競争相手が登場したからである。一八三〇年にギリシャが独立国家を建設した際、国境内で生まれたギリシャ人（アフトフソネス）は、独立後に国境外からやってきたギリシャ人（エテロフソネス）が、自分たちと同じ権利を持ち、国家機関の要職に就こうとするのを阻止しようとした。それと似た現象が見られたのである。

さらに、二年にわたるバルカン戦争は、一般のギリシャ人に、経済的にも人的にも大きな負担と犠牲を強いた。疲弊した人々は、これ以上の戦争を望まず、ヴェニゼロスの好戦的な態度に反感を持った。一九〇九年の軍事クーデタで改革を主張した指導的軍人の中には、バルカン戦争の功績とヴェニゼロスの引立てによって、異例の昇進を果たした者がいた。彼らは現状に満足し、既得権益を守ることに固執して、改革がさらに進められることには反対の立場をとった。

「国家大分裂」

「小さくとも名誉あるギリシャ」——これが、第一次世界大戦がはじまった時の、反ヴェニゼロス派のスローガンだった。ギリシャは、領土獲得の野心を抑え、中立の立場を堅持すべきだと、彼らは主張した。ヴェニゼロスに反対する政治家たちは、カリスマ性という点では、ヴェニゼロスに遠く及ばなかった。反ヴェニゼロス派のシンボルは、国王コンスタンディノスだった。このため、反ヴェニゼロス派は、王党派とも呼ばれた。ギリシャが第一次世界大戦に参戦する前であったにもかかわらず、連合国軍はギリシャ領に上陸した。ギリシャの主権を侵す、この連合国のやり方を容認するヴェニゼロスは、反ヴェニゼロス派から敵視された。

ヴェニゼロス派と反ヴェニゼロス派の対立は、ギリシャの外交姿勢において、明確な対立のかたちをあらわすことになった。第一次世界大戦に際し、首相ヴェニゼロスは連合国側での参戦を主張した。国王コンスタンディノスは、中立を望んだ。両者の溝は深まり、一九一五年、ヴェニゼロスは辞任した。国王は、議会でヴェニゼロス批判の急先鋒だったグナリスを首相に任命した。連合国（イギリスとフランス）に支援を受けたヴェニゼロスとその支持者たちは、一九一六年九月、テッサロニキに、アテネの政府に対抗する政府を樹立した。ひとつの国家に、ふたつの政府が併存する「国家大分裂（エスニコス・ディハズモス）」と呼ばれる状況が生まれた。

一九一七年五月、「国家大分裂」は、ヴェニゼロス側の勝利に終わった。イギリスとフランスの圧力に、国王コンスタンディノスが屈したのである。ヴェニゼロスはテッサロニキからアテネに帰還した。国王は、王位を息子のアレクサンドロスに譲り、亡命した。ギリシャは、連合国の側で、第一次世界大戦に参戦した。

ヴェニゼロスのもとで、ギリシャは、国として再びひとつに統一されたが、ギリシャ人は分断されたままだった。国家秩序を脅かす「内なる敵」の追放を認める法令が出された。軍隊やすべての国家公務員職において、反ヴェニゼロス派が次々にパージされた。反ヴェニゼロス派の政治家たちの中には、報復をおそれて亡命した者もいた。「国家大分裂」の折、ヴェニゼロスに従わず、アテネに留まった将校たちに、昇進の見込みはなかった。一方で、ヴェニゼロス派の将校は易々と昇進していった。

軍部が、ヴェニゼロス派と反ヴェニゼロス派に分裂して対立をつづけたことは、当然のことながら、第一次世界大戦のあとにつづいた小アジアでの戦争の遂行に、少なからぬ支障をきたした。第二章で見たように、一九二二年八月末、新生トルコの指導者となるムスタファ・ケマル率いる軍に、ギリシャ軍は敗北した。ギリシャの「メガリ・イデア」の夢は、スミルナ炎上とともに砕け散った。この戦争はヴェニゼロス政権のもとではじまったが、敗戦時にギリシャの政権を担っていたのは、反ヴェニゼロス派の政治家だった。

ギリシャの敗北は、政権を奪われていたヴェニゼロス派が、反ヴェニゼロス派に報復する口実となった。ヴェニゼロス派が占める軍法会議で、グナリスをはじめとする反ヴェニゼロス派の政治家と軍人六名が、小アジアでの戦争のすべての責任を負わされ、国家反逆罪により死刑判決を受けた。死刑は行き過ぎであるとして、刑の執行を思いとどまらせようとした国際社会の論調は無視された。処刑は速やかに実行に移された。これは、修復不可能なほどに分裂してしまった、この時代のギリシャを象徴する出来事だった。ヴェニゼロス派と反ヴェニゼロス派を隔てる溝は、この一件でさらに深まった。政権は短期間に次々と交替した。不安定な政治状況は軍部の介入を容易にし、クーデタが繰り返された。

ユダヤ人と難民

一九二三年、ギリシャとトルコの間で強制的住民交換協定が締結された。この条約に基づき、トルコ共和国の領土となった小アジアから、約一一〇万人にのぼるギリシャ人難民たちが、「母国」ギリシャに強制的に送還された。難民たちは、国王コンスタンディノスと反ヴェニゼロス派こそが、生まれ育った小アジアの故郷を自分たちから奪ったのだと考えていた。当然のことながら、彼らはヴェニゼロスを支持する強力な層を形成した。

ヴェニゼロスは、彼らに配慮する政策を推進した。そのひとつの例として挙げられるのが、テッサロニキのユダヤ人の犠牲の上に、難民の定住を図ったことである。バルカン戦争後にギリシャに編入されたテッサロニキは、オスマン帝国時代から、ユダヤ人の町として栄えていた。ギリシャ編入後、テッサロニキは、首都アテネに次ぐ第二の都市となった。しかし、この都市の人口の最大比率を占めているのがユダヤ人だったことは、ヴェニゼロスにとって頭痛の種だった。「メガリ・イデア」実現の途上にあった当時のギリシャは、マイノリティに寛容な国家であることを国際社会にアピールしようとしていた。そのため、ユダヤ人をギリシャ国民として同等に扱うとともに、彼らの宗教や文化を尊重する態度をとった。しかし、反ユダヤ主義者であったヴェニゼロスは、彼らが真の意味でギリシャ国民になれるとは考えていなかった。彼は、テッサロニキを「ギリシャ化」するために、難民を利用した。難民に免税の特権を与えるなど、就業機会の拡大のためのさまざまな優遇措置をとった。こうした積極的な難民定住政策によって、一九二〇年代後半には、テッサロニキのギリシャ人人口は、ユダヤ人人口を凌ぐようになった。ヴェニゼロス政権によって不利益を被り、ギリシャ社会の周縁に追いやられたユダヤ人は、反ヴェニゼロス派や、当時影響力を増しつつあった共産党に与するようになった。国民の分裂はさらに進んだ。

一九二八年、「半分のギリシャにとっての指揮官、救済者、シンボルであり、残りの半分のギリシャにとっての悪魔」であるヴェニゼロスの、首相としての最後の長期政権（一九二八－三二年）がはじまった。彼は、ギリシャの経済、社会生活の近代化のための政策を次々に打ち出した。

ヴェニゼロスの内政

この時期に実行された主要な改革で注目されるのが、教育システムへのてこ入れである。ヴェニゼロスは、社会の安定と教育は密接にかかわっていると考えていた。彼は、古典的な教養をはぐくむエリート教育の重要性は否定しないものの、大衆には、将来の職業に直接的に結びつく、より実用的な知識や技能の習得に主眼を置いた教育が必要であると判断した。伝統的な教育をおこなう中等学校が減らされて、職業訓練学校や技術専門学校が開設された。六年間の教育が義務化され、僻地《へきち》にまで学校が建設された。学校の数は飛躍的に増加した。小学校教育は、ディモティキ（民衆語）によって教えられるようになり、その使用は中等教育にも及んだ。その結果、一般のギリシャ人が、教育をより身近に感じると同時に、実践的な教育が可能となった。

人口の三分の二が農業従事者で占められていたギリシャでは、農業分野での改革も急がれた。一九二九年の農業銀行の設立によって、農民は、低金利での融資を受けることができるようになった。北部ギリシャの干拓事業によって、耕作地は増大した。当時のギリシャは、国内で消費する小麦の三分の二を輸入に頼る一方、農業生産は、干し葡萄と煙草という商品作物に極度に集中していた。そこでヴェニゼロスは、輸入穀物に高率の関税を課し、国内の穀物生産には免税策をとることで、農民にインセンティヴを与え、自給率を高めようとした。その結果、一九三〇年代末には、穀物は国内で自給できるようになった。また、国内市場向けの綿、オリーヴ、飼料の生産への転換がはかられた。

工業をはじめとする第二次産業においても、輸入品への依存からの脱却が試みられた。税制優遇措置などによって、工業関連企業の合併がすすんだ一方、あらたな工場も増加した。電力、繊維業、建設業が業界を牽引した。労働者の数も増加した。一九二八年から一九三八年の間、ギリシャの第二次産業は急速に発展し、その成長率は、ソ連と日本に次ぐ、世界第三位の伸びを示した。

労働者保護の観点からは、雇用者側の強い反対を押し切って、社会保険の制度づくりにも着手した。一九三二年に提出された社会保険基金（IKA）法案（三七年に法制化）は、福祉国家への最初の一歩となった。ヴェニゼロスは、国民の福利厚生への配慮を、近代国家が果たす当然の役割と考えただけでなく、ロシア革命以来ヨーロッパ各国で恐れられていた、労働者による暴力的な革命の抑止力になると考えていた。

一九二〇年代のギリシャでは、労働者によるストライキや、左翼勢力に煽動された労働運動が盛んになっていた。このような社会情勢を背景に、ヴェニゼロスの最後の長期政権は、国家による国民の監視と統制の強化という、反動的な政策へと舵を切った。ヴェニゼロスは、共産主義勢力を危険分子と見なし、その押さえ込みに躍起となった。一九二九年に制定された特別法四二二九号により、現存の社会・政治秩序へのいかなる抗議も取り締まりの対象とされた。社会秩序を脅かす可能性のある思想を普及させようとすることも禁止された。さらにこの法は、労働組合活動、特に合法的ストライキについても、厳しい規制を設けた。数千のリーダー格の労働者、労働組合員、共産主義者が逮捕され、国内の遠隔の島々に、流刑にされた。この法律は、第二次世界大戦以降へとつづく、一連の共産主義抑圧政策のはじまりとなった。

トルコとの和解

ヴェニゼロスは、これまでのみずからの外交姿勢を、一八〇度転換させた。ヴェニゼロスは、領土拡張政策と完全に手をきり、現在の国境を維持することこそが、ギリシャの国益になると判断した。第一次世界大戦後に創設された国際連盟は、集団安全保障の砦としては機能しないことが明らかになりつつあった。一九二三年、ファシスト党のイタリアが、アドリア海に浮かぶギリシャ領のコルフ島を攻撃し、短期間そこを占領したとき、国際連盟はイタリアに制裁を科すことができなかった。このことは、ギリシャにとって苦い経験となった。

結局、国際政治の場では、小国が犠牲となり、大国の利益が優先される状況が続いていた。ヴェニゼロスは、それまで、イギリスやフランスという西ヨーロッパの大国に、ギリシャの運命を全面的にゆだねていた。しかし、近隣諸国との友好関係を築くことが、ギリシャにとっては、より重要であると考えられた。ギリシャとともに、ルーマニア、アルバニア、ユーゴスラヴィア、ブルガリアといった近隣バルカン諸国が、大国に依存することなく、地域的な結びつきを強化できるよう、ヴェニゼロスは奔走した。しかし、領土の修正を主張するブルガリア、バルカン地域での覇権を握ろうと画策するユーゴスラヴィア、国境南部にギリシャ系マイノリティを抱えるアルバニアなどを相手に、彼のめざした包括的な安全保障体制を築くことは難しかった。

近隣諸国のなかで、トルコだけが、ギリシャ領土の現状維持を支持していた。トルコの大統領ムスタファ・ケマルも、ヴェニゼロスと同様、ヨーロッパ列強によるバルカン・東地中海地域へのこれ以上の介入に、疑いの眼差しを向けていた。トルコの政策は「われわれの存在を維持するために、われわれの国境内で、なによりもわれわれ自身の力で、われわれ民族と国家の真の幸福と福祉のために推進されなければならない」。ケマルはそのように考えていた。誕生したばかりの国家に山積する、さまざまな内政問題を優先的に解決するためにも、外交問題で波風が立つことは避けたかった。

二年にわたる交渉を経て、一九三〇年一〇月、ギリシャとトルコはアンカラ協定を結んだ。これによって、双方の国境線が公式に承認され、東地中海における海軍力の均衡を保つことが確認された。トルコとの友好関係を通じて、国の安全保障を維持することを最重要課題と位置づけていたヴェニゼロスは、難民が小アジアの故郷に残してきた財産に対する補償の要求を放棄した。このことは、難民を幻滅させた。国境線の承認は、いずれの日にか再び故郷に帰還できることを期待していた難民の希望を打ち砕いた。難民は、ヴェニゼロス支持層の主要な柱だったが、これを機に、彼らはヴェニゼロス派に背を向けるようになった。難民の離反は、ヴェニゼロスにとって、政治的に大きな痛手となった。ヴェニゼロスは、当然そのことを予期していた。難民という有力な支持者に見放されることになろうとも、彼はみずからの外交方針を曲げようとしなかった。彼は、議会でこう述べた。「世論が私に同意できないのだとしたら、私は世論を教育する。私は世論に引きずられることはない」。

ギリシャとトルコの間に和解をもたらしたことは、ヴェニゼロスの最も輝かしい業績に数えられる。ヴェニゼロスは、ギリシャとトルコの友好関係を推進するため、ケマルをノーベル平和賞候補に推薦することとすらした。かつてのヴェニゼロスにとって、オスマン帝国と、その継承国トルコは、第一の敵だった。彼は、オスマン帝国支配下のクレタをギリシャに統合するために戦った。ギリシャの首相として「メガリ・イデア」を強力に推し進め、小アジアにギリシャ軍を上陸させた。そのような先鋭な闘士像とは異なる、彼の姿がそこにはあった。ヴェニゼロスは六六歳になっていた。

世界恐慌と財政危機

しかし、ヴェニゼロスの政治的生涯は、そのまま静かに幕を閉じることにはならなかった。一九二九年、アメリカ・ニューヨークのウォール街ではじまった世界恐慌は、ギリシャにも影響を与えずにはおかなかった。一九三〇年と三一年の財政危機は、ヴェニゼロス政府への信頼をゆるがした。一九三二年一月、ヴェニゼロスは、融資を取り付ける目的でイギリス、フランス、そしてイタリアを訪問したが、無駄に終わった。このとき、対外債務はすでにギリシャの国家予算の四三%を占めていた。ヴェニゼロスは効果的な対策を打ち出すことができなかった。一九三二年四月、ギリシャは、金本位制から離脱し、翌月、債務不履行に陥った。財政危機は、まもなく国民の実体経済に負の影響を及ぼした。ギリシャの国民総生産は、一年間で三分の一以上縮小した。失業者の数も七万五〇〇〇人から二三万七〇〇〇人に膨れ上がった。労働者世帯の七三%が、最低生活水準を下回る暮らしを強いられた。経済危機は、ヴェニゼロスがギリシャ政界に登場して以来、最も信頼のおける支持層だった、改革志向のギリシャ人企業家たちを離反させた。ギリシャを、近代的なブルジョワ社会に変貌させることをめざしたヴェニゼロス主義の勢いは、完全に失速した。

経済危機は、ヴェニゼロス派と反ヴェニゼロス派の対立が再燃するきっかけとなった。小アジアでの戦争で敗北して以来、勢いを失っていた反ヴェニゼロス派が息を吹き返した。反ヴェニゼロス派の人民党党首パナヨティス・ツァルダリスは、一九二二年の軍法会議で処刑された六人の才能が生かされていたならば、ギリシャが現在直面している危機は乗り越えられたであろうと、ヴェニゼロスを非難した。ヴェニゼロス派議員の公金横領や入札時の裏工作を告発する、反ヴェニゼロス派のメディアによる中傷キャンペーンも激しさを増した。

最期の言葉

ヴェニゼロス派の軍人は、反ヴェニゼロス派の巻き返しを恐れた。反ヴェニゼロス派が政権を掌握すれば、自分たちがパージの対象になることは明らかだった。一九三三年三月の選挙で人民党が勝利すると、ヴェニゼロス派の軍人プラスティラスはすかさずクーデタを試みたが、失敗に終わった。これに報復するかのように、同年六月、反ヴェニゼロス派によるヴェニゼロス暗殺未遂事件がおこった。会食から帰宅しようとするヴェニゼロス夫妻の乗った車が、追跡され、狙撃された。ヴェニゼロスは奇跡的に無傷で命をとりとめたものの、随行者のひとりが亡くなり、運転手と妻が負傷した。車には一二〇発の弾痕が残されていた。ヴェニゼロス派は、人民党政府の関与を疑った。一九三五年三月、ヴェニゼロスの直接関与のもと、ヴェニゼロス派軍人による再度のクーデタが敢行された。クーデタは、またもや失敗に帰した。ヴェニゼロスを含む六〇名に、死刑判決が下された。実際に処刑されたのは将校二名で、残りの者たちはギリシャを去ることを条件に、刑の執行を免れた。クーデタへの関与を問われた陸海空軍の約一五〇〇人が懲戒免職となった。その他にも、多くの軍関係者が有罪判決を受け、軍組織から追放された。ヴェニゼロス派と見なされた多くの一般市民が、公職を追放された。ヴェニゼロスはパリに亡命し、翌三六年、その生涯を終えた。

ヴェニゼロス派軍人のクーデタ失敗と、ヴェニゼロスの亡命は、王政復古の予兆でもあった。一九二四年、ヴェニゼロス派のパパナスタシウ政権によって、ギリシャは共和制に移行し、二七年には共和国憲法が施行されていた。一九三三年には、人民党党首ツァルダリスも、共和国憲法の受け入れを明言していた。しかし、ヴェニゼロスと彼に対峙する国王という、「国家大分裂」の図式が解消されていたわけではなかった。人民党には、君主制を支持する勢力が根強く残っていたのである。彼らは、首相ツァルダリスに、即座に君主制を復活させるか、辞任するかの選択を迫った。三五年一〇月、ツァルダリスは辞任した。彼が去った議会では、王政復古が宣言された。不正に操作された国民投票によって、有権者の九七%が、一九二三年イギリスに亡命していたゲオルギオス二世の再即位に賛成した。一一月二五日、に亡命して以来一二年ぶりに、国王ゲオルギオス二世がギリシャの土を踏んだ。国王は、ヴェニゼロスを含め、クーデタ後の裁判で死刑判決を言い渡された者たち全員に恩赦を与えた。国王のこの行為は、異国の地でまもなく死を迎えようとしていたヴェニゼロスにとって、ひとつの慰めとなった。彼は、自分の支持者に対し、国の結束を固めるためには、国王と協力することが必要であることを力説した。

恩赦となったヴェニゼロスは、すぐにでもギリシャ、とりわけ故郷のクレタ島に戻ることを望んだ。自分が帰国する前に、自宅の庭でたわわに実っているはずのアプリコットやプラムを、友人たちが食べつくしてしまうのではないかと悔しがった。しかし、政治がいまだ正常化していない状況では、彼の帰国により、国内が再び混乱に陥る可能性があった。彼の帰国は見送られた。その間、国際情勢には、暗雲が立ち込めていた。ナチ党のドイツによるラインラントの再武装化は、ヴェニゼロスに強い危機感を与えた。ヨーロッパは、やがて大規模な戦争に突入するだろう。そのとき、ギリシャの独立を維持するためには、人々が結束し、強くあらねばならない。そう彼は考えた。しかし、ヴェニゼロスこそが、ギリシャ国民の結束を妨げ、その分断を助長した張本人でもあった。

一九三六年三月一三日、死の五日前の最後のインタヴューで、彼はこう述べた。

私は模範を示してきた！ 私に敵対する者は、国民が和解するための第一条件として、私が政治に二度とかかわらないことを要求した。私は、自分を犠牲にして、祖国の未来のために、私が生涯をささげてきた偉大なるもののために、その要求を受け入れたのだ。

ヴェニゼロスのこの言葉からは、みずからの政治的生涯を後悔する気配は感じられない。たとえ、国論が二分されたとしても、ギリシャを近代的な国家に作り上げるため、自分は多くの仕事を成し遂げた。その点において、自分は「模範」となり得たのだ。そのような強烈な自負が、ここからは読み取れる。そして、分断された国民に和解を促すために、みずから「犠牲」となるのだという口吻《こうふん》も感じとれる。たしかに、ヴェニゼロスの卓越した政治的手腕がなければ、ギリシャの近代化は著しく遅れたであろう。それに伴う領土拡張政策も、スムーズに進行することはなかったに違いない。行きづまっていたギリシャ政治に風穴を開け、近代国家建設の具体策を次々に打ち出した彼の業績は、近現代ギリシャ史において高く評価されるべきである。ただし、ギリシャ社会の分断という、あまりに大きい代償が支払われたことも、また認めなければならない。

死後の混乱

ヴェニゼロスの亡骸《なきがら》は、首都アテネに運ばれることはなかった。死してなお、彼に敵対する者たちが、それを許さなかったのである。彼を受け入れたのは、故郷クレタ島のハニァであった。クレタの人々の手によって、ヴェニゼロスはアクロティリに埋葬された。そこは、ギリシャへの統合を求めた、一八九七年のクレタ蜂起の本拠地だった。ヴェニゼロスは、みずからの原点に戻ったのである。

ヴェニゼロスの死から間もない一九三六年八月、ギリシャでは、ヒトラーを敬愛するイオアニス・メタクサス将軍による独裁が開始された。共産主義の脅威が、政治の右傾化を招いたのである。ヴェニゼロス政権の特別法制定に見られるような左翼抑圧政策にもかかわらず、共産党は勢力を伸張しつづけていた。ヴェニゼロス派と反ヴェニゼロス派の対立の陰で、共産主義は、ギリシャ人にとって、もうひとつの政治的な回路となっていたのである。メタクサスは、共産主義者と左翼を徹底的に弾圧する策を講じた。この共産主義こそが、その後のギリシャを、さらに引き裂く火種となる。

第五章　「兄弟殺し」──第二次世界大戦とその後（一九四〇－七四）

1　占領と抵抗運動

ギリシャ人作家ニコス・カザンザキスは、第二次世界大戦がはじまったとき、生まれ故郷のクレタ島にいた。ある日、彼が山を散策していると、知り合いの年老いた羊飼いに声をかけられた。「おい、ご近所さん、ちょっと待てよ。聞きたいことがあるんだ」。毛深い胸をはだけた老人は、こう言った。「ノルウェーは一体どうなっている？」。ちょうど、ナチ党のドイツがノルウェーを攻撃している時だった。羊飼いは、ノルウェーがドイツ軍によって占領されかけていることを耳にしていたのだ。近所に住むカザンザキスが知識人で、世界の出来事に明るいことを、彼は知っていたのだろう。カザンザキスは答えた。「じいさん、大丈夫。心配することはない」。羊飼いは、十字を切りながら、「ありがたいことだ」と大声で言った。カザンザキスは、この老人について、自伝の中でこう書き記している。

彼は、ノルウェーがどんな国なのか、どこに位置しているのか、どんな人たちがそこに住んでいるのか、知らなかった。彼がはっきりと理解していた唯一のことは、いまその国で、自由が危険にさらされているということだった。

カザンザキスは、羊飼いに紙巻き煙草を勧めた。男は断った。「おやおや、煙草なんぞいらないさ。俺は何もほしくない。ノルウェーが無事なら、俺はそれで十分さ」。そう言うと、杖を振りながら、羊の群れのほうに去っていった。

クレタ島の田舎の羊飼いが、たまたま自由（エレフセリア）を熱烈に信奉していたわけではない。ギリシャ人にとって、自由であることは、最高に価値のあるものなのである。その「自由」が具体的に何を意味しているのかは、ギリシャ人ひとりひとりにより、また時代により異なる。しかしながら、「自由」という概念そのものは、絶対に善きものであり、侵すべからざるものなのである。自由であるからこそ、人は生きる意味があり、国家が存続する意味がある——ギリシャ人はそう考える。

二ヶ月に及ぶ抵抗も空しく、ノルウェーは、一九四〇年六月はじめ、ドイツに降伏した。それから約五ヶ月後の一〇月末、イタリア軍はギリシャへの攻撃を開始した。その結果、ギリシャは第二次世界大戦に参戦することになった。アルバニア国境からのイタリア軍の進撃を、ギリシャ軍は総力を挙げて撃退した。しかし、それにつづいたのはドイツ軍の侵攻だった。

ドイツ軍は、戦略上、ソ連への攻撃を開始する前に、枢軸国がバルカン半島を占領・確保することが必要であると考えていた。バルカン半島を枢軸国軍が占領することは、中東・北アフリカの自軍への燃料補給の観点からも、重要と見なされた。イタリアにバルカン半島を任せておけないことが明らかになると、ドイツ軍は、ソ連への攻撃を延期して、同盟国のブルガリア軍とともに、ユーゴスラヴィアとギリシャへ侵攻した。

蹂躙されるギリシャ

ギリシャへの攻撃は、一九四一年四月六日に開始された。ギリシャ軍と、援軍のイギリス軍は、ドイツ軍の攻撃の前に手も足もでなかった。四月二七日、ドイツ軍はアテネに入城した。アクロポリスの丘のギリシャ国旗が降ろされ、ナチ党のハーケンクロイツ（逆さ鉤十字）の旗が掲げられた。ギリシャ領内で最後まで持ちこたえていたクレタ島も、ドイツ軍のパラシュート部隊によって、六月の初めには陥落した。

ギリシャ全土は、枢軸国――ドイツ、イタリア、ブルガリア――によって分割・占領された。ブルガリアは、自国領の南に広がる東マケドニアと西トラキアを得た。ドイツは、戦略的に最も重要な地域――ギリシャ第二の都市テッサロニキを含む西マケドニア、トルコ国境に接する部分のトラキア、トルコ沿岸部に近いエーゲ海の島々、クレタ島西部――を支配下においた。イタリアは、アルバニア国境の南に広がるイピロス、テッサリア、ステレア・エラダ、ペロポネソス半島、エーゲ海のキクラデス諸島を含め、ドイツが獲得した島以外を手にした。首都アテネは、ドイツ、イタリア、ブルガリア三国による共同占領とされたが、実質的にはドイツの統制下に置かれた。

ドイツ軍のアテネ入城（1941年4月）

国王ゲオルギオス二世とエマヌエル・ツデロス首相率いる政府、そしてギリシャ軍の一部は、クレタ島に避難した。クレタ島がドイツ軍の手に落ちると、政府と国王はロンドンに亡命し、一九四三年三月以降はエジプトに拠点を置いた。ギリシャでは、ツォラコグル将軍を首班とする傀儡政権が樹立された。この政府は、ギリシャ・ファシスト党やギリシャ民族同盟、ギリシャ国家社会主義政治組織といった極右政党によって支持された。

ドイツ軍は、苛酷な占領体制をしいて、ギリシャ経済を徹底的に破壊した。ボーキサイトなどの鉱物資源を奪取し、小麦、オリーヴ、ワイン、柑橘類といった農作物を、占領軍のために徴発した。ギリシャの人々は、ドイツ軍の占領経費の肩代わりも要求された。そのような容赦のないやり方に、同盟国イタリアのムッソリーニですら、不満を口にした。「ドイツ人は、ギリシャ人から靴ひもすら奪っている。それなのに、今となって、ギリシャの経済状況が悪化したのは、われわれイタリア人の責任であるかのように装っている」。

ドイツ軍による占奪は、一九四一年から四二年の冬に、厳しい食糧難をもたらした。ギリシャ人と結婚してアテネに住んでいた、あるイギリス人女性は、一九四二年二月二四日の日記に、こう記した。

太陽が顔を出して、穏やかな日。春が近づいている。でも、ますます多くの人々が飢えのために死にかけている。一日平均五〇〇人が命を落としているらしい。外では、舗道に死体が横たわっているのをよく目にする。死体をまたいで歩くのにだんだん慣れてきた。ヨルゴス［夫］によると、市の手押し車が、夜明けに死体を収集しているということだ。

街頭に横たわる死体は、アテネの日常の風景の一部となっていた。この冬、ギリシャ全土で、およそ二〇万から三〇万の人々が、飢えのために命を落とした。捨て子の数も増えた。

貧しさのために子どもを養うことができなくなった親たちが、裕福なギリシャ人家庭や赤十字施設の玄関先に、子どもを置き去りにした。

「自由を取り戻せ！」

超インフレが、食糧不足につづいた。日用品の値段は急騰し、ギリシャ経済は壊滅的状況に陥った。パンの価格は、一九四三年には戦前の一三〇〇倍、一九四四年には三四〇万倍、チーズの価格は、一九四三年には二〇〇〇倍、一九四四年には一億九三〇〇万倍にまで跳ね上がった。闇市が繁盛し、悪徳業者と対敵協力者が利益をむさぼった。多くのギリシャ人にとって、毎日を生き延びることが戦いだった。

ギリシャ人が愛してやまない自由が失われた。彼らがなすべきことはなにか。それはもちろん、枢軸国軍に抵抗し、彼らをギリシャの地から追い出し、自由を再び手にすることだった。ギリシャ人は、占領軍に頭を垂れて従っているだけではなかった。ドイツ人は、ギリシャ人を故意に飢えさせることによって、彼らを自分たちに隷属させることを目論《もくろ》んだ。しかし、占領軍による収奪の残酷さと、一九四一年から四二年にかけての食糧難は、正反対の行動へと、ギリシャ人を向かわせたのである。ドイツの国家秘密警察ゲシュタポの報告によると、ギリシャ人は、フランス人やチェコ人よりも、あからさまに反ナチズムの態度を示したという。

カザンザキスは、枢軸国の占領中、『その男ゾルバ』の執筆に没頭していた。戦後、小説の主人公である肉体労働者アレクシス・ゾルバスは、権威に公然と反抗する強靭さと、自由を追求する独立精神をあわせ持った、理想的なギリシャ人の象徴となった。ゾルバスは実在の人物をモデルにしていた。カザンザキスは、実在のゾルバスから、「不幸や辛いこと、そして、先が見えない不安を、いかにして自尊心に変えるのか」を学んだと、のちに述べている。ゾルバスが体現したこのギリシャ人精神は、占領下のギリシャ人の多くが共有していたものだった。彼らは、自尊心を失うことなく、ギリシャ人の自由、そしてギリシャ国家の解放のために、敵に立ち向かったのである。

EAMとELAS

ギリシャ人の抵抗の意志は占領直後から見られた。早くも一九四一年五月三〇日の深夜、ふたりのギリシャ人青年が、アクロポリスの丘に掲げられたハーケンクロイツの旗を、決死の覚悟で引きずり下ろした。四一年の夏ごろからは、抵抗運動が徐々に組織化されていった。さまざまな抵抗組織を束ねる政治団体として、一九四一年九月、民族解放戦線EAMが設立された。翌四二年四月、EAMの軍事部門として、ギリシャ民族解放軍ELAS(「エラス」

は、ギリシャ語で「ギリシャ」を意味する）が結成された。EAMとELASは、占領下のギリシャで、最大の政治的・軍事的抵抗組織となった。

EAMの設立に主導力を発揮したのは、ギリシャ共産党だった。共産党は、一九三六年にはじまったメタクサス将軍の独裁政権による迫害以降、地下活動を余儀なくされていた。その時の経験と手腕が、抵抗運動を組織化するのに役立った。一方、政府が亡命した後、ギリシャ国内に残った古くからの政治家は、姿を隠してしまった。その政治的空白を埋めたのが、共産党だった。共産党は、ギリシャ社会党、人民民主主義同盟、ギリシャ農民党の協力を得て、EAMを立ち上げた。一九四四年三月には、EAM主導で民族解放政治委員会PEEAが創設された。PEEAは、政府を代行する役割を果たした。

占領下のギリシャにおいて、EAMは、唯一の全国的な抵抗組織であり、ELASは最強の抵抗軍事勢力であった。EAM／ELASは、大量のギリシャ人の動員と新兵の徴集に成功した。EAMおよびその関連組織には、ギリシャ人人口の三人に一人にあたる二〇〇万人が参加したと言われる。ドイツ軍による抵抗勢力掃討作戦に、ELASは、ゲリラ戦術で応戦した。ELASは、テッサリア地方を本拠地に、コリントス湾からユーゴスラヴィアとの国境までの広大な山岳地帯、ピンドス山脈の西斜面から東の海岸線までを「自由ギリシャ」として、その支配下に置いた。一九四四年の半ばまでには、ペロポネソス半島の大半もE

AM／ELASによって解放された。ドイツ軍が最終的に撤退を開始した一九四四年秋には、EAM／ELASは、クレタ島を除く、ほぼすべてのギリシャの国土に、その支配を拡大していた。

EAMの指導部は、主に共産党員によって占められていた。しかし、EAM／ELASの参加者の大多数は、必ずしも共産主義者、あるいは左翼思想の持ち主だったわけではない。EAMの参加者の中には、君主制反対を明言し、戦前のメタクサス将軍の独裁を非難するEAMの姿勢に共感を寄せた者も含まれていた。ELASの将校の中には、自由主義を信条とする者も多かった。占領軍に当初協力していた、ギリシャ憲兵隊からの参加もあった。EAM／ELASは、枢軸国軍からの解放という目標達成に向けて、ギリシャ社会の幅広い層から支持を集めることができたのである。

特に、戦前のギリシャ政治からは排除されていた一般大衆にとって、EAMは魅力的に映った。戦争と占領という非日常的な経験を通して、心理的にも知的にも急速に過激化し、政治化していた大衆は、EAMに参加することで、それまでの政治構造や社会体制に疑念を抱きはじめた。彼らは、政治を、野心ある知識人が独占している、手の届かない抽象的なものではなく、まさに自分たちの運命を左右する具体的なものとして理解するようになった。彼らは、枢軸国軍が撤退し、ギリシャに再び自由がもたらされたとき、自分たちの意志を反映した新しいギリシャを、自分たちの力で築くことができるのではないかという希望を、EAM／ELASの活動の中に見出したのである。

新しい政治と支配の仕組みを

EAM／ELASは、共産主義の理想の実現というよりは、枢軸国による占領からの解放と国内の社会改革のために戦っていた。EAM内では、「ラオクラティア」（人民による支配）こそが、めざすべきギリシャの姿であると言われていた。しかし、EAMの参加者やELASの兵士たちのほとんどにとって、「人民」（ラオス）は、国境を越えた労働者階級全体を包摂する、国際共産主義的な意味合いを持つわけではなかった。「人民」とは、あくまで「ギリシャ人」、なかんずく「ギリシャ人民衆」を意味していた。ギリシャを思う愛国心こそが、EAM／ELASに参加した人々に連帯感を与えていた。

「ラオクラティア」がどのような政治体制であるかを、一般の参加者は具体的に言葉にすることはできなかった。彼らが思い描いていたのは、「ギリシャ人のためのギリシャ」、すなわち、悪者が民衆を不当に扱うことをやめ、民衆が主人となる国のかたちだった。彼らが悪者と見なしていたのは、地方を犠牲にして成り立っている首都アテネの政界であり、外国の言いなりになっているエリート主義的な政治家だった。枢軸国軍の占領によって政府と国王が国を離れ、従来の政治構造の根幹が崩れつつあった。アテネの一方的な支配から自分たちの住む村や地域を解放し、自分たちのためのよりよき社会を作り上げるチャンスが、今こそ到来しているように思われた。

占領軍に対する軍事的抵抗を続ける一方で、ＥＡＭは、地方レヴェルと国家レヴェルで、新しい政治と支配の仕組みを創りだそうとしていた。ＥＡＭは、中央の上層部からの指令によって、一元的に管理されていたわけではなかった。刻々と変わる戦況、中央との限られたコミュニケーション手段、そして噂と混乱と恐怖が渦巻く中で主導権を握ったのは、支部のリーダー格の人々だった。彼らが、自分たちの地域を個々に治めていったのである。その結果、中央の共産党指導者層の影響は弱められた。

ＥＬＡＳによって解放された「自由ギリシャ」地域では、民主的な地方組織と住民支援を目的としたネットワークづくりが試みられた。そこでは統制のとれた支配がおこなわれ、地方自治の体制が整えられていった。ＥＡＭは、経済活動を復活させ、裁判制度や教育制度を見直した。さらには、参政権の付与を通して、女性の地位向上を図った。それまで国家の公用語とされていたカサレヴサ（純正語）ではなく、ディモティキ（民衆語）を使用した。ＥＡＭの公式書類や業務でディモティキが用いられたことにより、政治はギリシャ民衆にとってより身近なものとなった。ＥＡＭは、占領軍の攻撃で犠牲となった者や、ＥＬＡＳの兵士の妻子にも援助の手をさしのべた。

占領期間中、最大最強の全国規模の抵抗運動組織としてのEAM／ELASの優位は、一貫して揺るがなかった。一方、非共産党系の抵抗組織も複数存在した。その中でも有力だったのが、北西ギリシャを本拠地として一九四一年秋に結成された、共和右派の国民民主ギリシャ同盟EDESだった。

枢軸国との戦いを効果的に遂行するために、イギリス軍は、EAMとEDES双方に武器を提供し軍事専門家を派遣した。三者が協働した、一九四二年一一月のゴルゴポタモス高架橋爆破は、ドイツ軍にとって大きな打撃となった。アテネとテッサロニキを結ぶこの鉄道路線は、北アフリカで戦闘をつづけていたロンメル将軍のドイツ軍への、補給路として使用されていたからである。この爆破の成功は、占領下のギリシャで最も輝かしい軍事作戦となった。しかし、この作戦を最後に、二大抵抗組織EAMとEDESが足並みをそろえることは二度となかった。

ギリシャ人どうしの「兄弟殺し」

EAMとEDESをみずからの傘下に置こうとしたイギリスの試みは失敗した。イギリス政府――特に首相チャーチル――は、国を去った国王と亡命政府を、戦後のギリシャに迎えいれることを目論んでいた。それが明らかとなると、イギリスとEAM、EDES双方との信頼関係は大きく損なわれた。抵抗組織は、枢軸国軍と闘うため、イギリスに利用されているだけで、戦後の国のかたちを決める主体として認められていなかったのである。EAMもEDESも、戦後、国民投票によって君主制存続の是非を問うことを主張した。この主張は、イギリスにも亡命政府にも拒絶された。

とりわけ、イギリスとEAMの関係は悪化した。イギリスは、戦略的には、枢軸国軍に打撃を与え続けていたELASの優れた軍事力を必要としていた。しかし、政治的には、EAMの共産主義者が、ソ連と組むのではないかと恐れていた。将来、ソ連がギリシャと東地中海地域をその影響下に置こうとするのに、協力するのではないかと考えたのである。そうであるならば、当面の間、共和右派のEDESと手を組み、EAMに対抗しうる勢力として利用することが得策であると、イギリスには思われた。

EAM／ELASでは、長引く抵抗運動の緊張のなかで、自分たちの仲間以外はすべて敵であるとの見方が、次第に強まっていった。ELASは、枢軸国軍だけでなく、ギリシャ人の対敵協力者も攻撃した。さらには、他の抵抗組織への暴力行為にも及んだ。

一九四三年一〇月、EAM／ELASは、ギリシャ唯一の抵抗組織となることをめざして、他のすべての抵抗組織の殲滅《せんめつ》に乗り出した。EDESは、イギリスに協力する姿勢を見せつつ、占領軍にも協力しているのではと疑われ、ＥＬＡＳの激しい攻撃にさらされた。被害は、ＥＤＥＳの成員だけでなく、その親兄弟や親戚にまで拡大した。血なまぐさい殺し合いがはじまった。内戦――ギリシャ人どうしの「兄弟殺し」――のはじまりだった。イギリスはＥＡＭ／ＥＬＡＳへの軍事援助をやめ、ＥＤＥＳを支援した。ＥＤＥＳが占領軍と手を組んでいようとも、ＥＡＭ／ＥＬＡＳの優位を阻むという点で、ＥＤＥＳの利用価値は変わらなかったからである。ところが、イギリスからの援助が途絶えた後も、ＥＬＡＳの戦力は衰えなかった。ＥＬＡＳは、四三年九月に降伏したイタリア軍から武器を入手し、戦いつづけた。四四年二月、ふたつの抵抗組織のあいだにようやく休戦協定が結ばれた。ＥＤＥＳの勢力は著しく衰え、その影響力はイピロス地方のみに限定された。

ドイツ軍は、この「兄弟殺し」を喜んだ。占領軍への協力を目的として、傀儡政権によって結成された治安大隊は、この機会に乗じて、ドイツ軍とともに、ＥＡＭ／ＥＬＡＳを攻撃した。治安大隊は、枢軸国は共産主義撲滅のための戦いを遂行しているのだと大々的に宣伝した。「ギリシャの人々よ！　ヘラクレスが美徳と悪徳かどちらかを選択しなければならなかったように、君たちも、ヨーロッパかボルシェヴィキのどちらかを、今日選択しなければならない」。

治安大隊による反共宣伝は、世論から一定の支持を得た。占領当初の無秩序と混乱がある程度収まると、ソ連による共産主義支配がギリシャにも及ぶのではないかとの不安から、反共のナチズムに心情的に同調するギリシャ人たちがあらわれたからである。

そもそも、反共産主義思想は、戦間期のギリシャ政治や社会の主流だった。それが、再び頭をもたげてきたのである。ＥＡＭ／ＥＬＡＳに敵意を持つ右翼や王党派の抵抗組織は、治安大隊やドイツ軍に接近した。ギリシャ亡命政府からは、ＥＡＭ／ＥＬＡＳの対抗勢力として、治安大隊を積極的に評価する声もあった。治安大隊は、ＥＡＭの完全優位を阻むという観点から、ギリシャにとっては有用であるとする、イギリスの政策立案者もいた。治安大隊は、イギリス軍に抵抗することはないだろうとも推測された。四四年六月以降、連合軍は、亡命ギリシャ政府とイギリス外務省の要請を受けて、治安大隊攻撃のビラを、ギリシャに撒くことをやめた。イギリス外務省からの通達に従い、英国放送協会ＢＢＣは、治安大隊を直接的に攻撃することを控えた。

内戦の激化

イギリスと亡命ギリシャ政府が示したこのような態度は、ひとつのシグナルと受け止められた。反共という大義が、利敵行為という汚名から人々を遠ざけ、治安大隊加入への抵抗感を和らげた。共産主義は国家を転覆させる危険思想であるという、ギリシャ社会に根強く存在した言説も、治安大隊を支持する者の増加の背景にあった。傀儡政権は次々と治安大隊関連の法律を施行し、治安大隊への入隊を奨励した。傀儡政権は、熱狂的な王党派の人々も徴兵した。イデオロギーとは無関係に、単純に飢えや貧しさのために、徴兵に応じる者たちもいた。

ＥＬＡＳによって両親や兄弟姉妹を殺害された者が、復讐心から治安大隊に入る場合もあった。アメリカ人学生ケヴィン・アンドリュースは、内戦期のギリシャを旅し、のちにその体験を記した『イカロスの飛行』を出版した。そこに登場する、農民コスタンディスの生き様は、私怨が内戦の背景にあったことを示している。愛国者のコスタンディスは、最初、イタリア軍との戦いに従軍した。その後、ギリシャに再び自由をもたらすため、迷うことなくＥＬＡＳに入隊しようとした。しかし、大嫌いな兄スピロスがＥＬＡＳの成員だと知って、思いとどまった。しばらくして、ＥＬＡＳの兵士が、彼が愛するもうひとりの兄パンデリスを殺した。コスタンディスは、ＥＬＡＳに報復するために治安大隊に入隊した。また、あるギリシャ人の男は、両親をＥＬＡＳによって殺害された後、治安大隊に入隊した。彼は、戦後六〇年たってからも、悔いることなくこう言った。「俺はドイツ人の側についたよ。他に頼る者がいなかったのに、他にどうすべきだったというのか」。

ドイツ軍と治安大隊によるＥＡＭ／ＥＬＡＳへの攻撃は激しさを増した。それに応えて、

EAM／ELASもその残虐性をますます強めていった。今や、EAMは共産主義者による一枚岩的な集団と見なされ、右翼、王党派組織や治安大隊といった、反共勢力との二極化が鮮明となった。こうして、さらなる内戦へとつながる土壌がつくられていった。枢軸国側に与して治安大隊で戦った者たちの多くが、解放後のギリシャで、さしたる問題もなく、国家警備隊や国民軍に入隊することになる。彼らは、占領期の解放・抵抗運動の主体だったEAM／ELASを討伐するために戦うことになるのである。

2　裏切り者の烙印

一九四四年一〇月ドイツ軍が撤退した。ギリシャは解放された。撤退直後、広範な地域を支配していたEAM／ELASが、国家権力を掌握することは十分可能だった。EAMと共産主義の結びつきが危険視されていたとはいえ、ギリシャに駐留していたイギリス軍の兵力では、ELASの兵力を制圧することはできなかった。しかし、EAMはこのとき、権力掌握の動きを見せなかった。むしろ、ゲオルギオス・パパンドレウ首相の亡命政府の帰還を歓迎した。EAMからは、六人が大臣として政府に入閣した。

EAMが政府に歩み寄った理由のひとつとして、ギリシャ共産党が武力で権力を掌握することに、ソ連が反対していたことが挙げられる。ちょうどこの頃、ソ連のスターリンとイギリスのチャーチルとの間で、バルカン半島における両国の勢力圏が秘密裡に決められた。ギリシャでは、この密約は知られていなかった。ソ連は、東ヨーロッパでの影響力を固めるほうが有利と考え、遠く隔たったギリシャの処遇を、イギリスに託した。ギリシャ人の与り知らぬところで、ギリシャは、イギリス、すなわち将来的には「西側」陣営のひとつに組み入れられてしまっていたのである。

EAMと政府の蜜月は長くはつづかなかった。フランス、ベルギー、オランダなどとは違って、ギリシャのパパンドレウ政府は、戦時下の対敵協力者や治安大隊を罰しようとはしなかった。一方で政府は、左翼勢力を抑え込む態度を鮮明にしていった。このことは、政府に対するEAM側の不信を募らせた。間もなく、ELASの武装解除と国民軍設立の問題をめぐって、政府とEAMは対立した。四四年一二月一〇日が、ELASの兵士六万人の武装解除の期日とされた。占領下でのEAM/ELASの抵抗運動を、まったく評価しようとしない政府の姿勢は、EAMの指導者にとって受け入れ難いものだった。政府が、新しい国家機構からEAMの影響力を排除しようとしていることが、今や明らかだった。武装解除に応じれば、EAM/ELASの成員たちは、占領期からすでにはじまっていた反共産主義勢力の暴力にさらされる危険があった。EAMは態度を硬化させた。

EAMの撤退

一二月三日、EAMの呼びかけに応じたデモ行進が、アテネの中心に位置するシンタグマ広場でおこなわれた。無防備な参加者に警官が発砲したことで、行進はたちまち混乱に陥った。この「一二月事件」で、十数人が殺され、数百人が負傷した。その後、約一ヶ月にわたり、アテネ市街は、ELASの兵士と、政府側勢力――警察、右翼・王党派勢力、占領中の治安大隊出身者で占められた国家警備隊、イギリス軍――の兵士の戦場と化した。危機的状況を察したイギリスの首相チャーチルは、ELASの兵力を根絶する決意を明らかにした。政府側を支援する兵士と武器が、イギリスから次々とギリシャに送られた。その結果、徐々に政府側が優勢になっていった。占領期の対敵協力者は、この戦闘で政府側に忠誠を示すことにより、過去の犯罪や責任追及から逃れようとした。一九四五年一月六日、EAM／ELAS勢力はアテネから撤退した。

二月にはEAMと政府との間で、ヴァルキザ協定が締結された。この協定以降、左翼・共産主義に敵対する勢力が、断然優位に立つことになった。協定では、「一二月事件」のすべての政治犯罪に対する恩赦と、君主制の是非をめぐる自由な国民投票の実施とひきかえに、ELASの武装解除が決められた。

「一二月事件」からヴァルキザ協定締結までの間に、EAMはその影響力を著しく低下させた。ドイツ軍撤退直後には、国家権力の掌握も十分可能と思われていた。しかし、もはやそのような力は残っていなかった。EAMは、徐々に支持を失っていった。EAM内の非共産主義者たちは、ヴァルキザ協定を契機に、政府とそれを支えるイギリスに降伏することを望んだ。これらの人々は、戦いを継続しようとする強硬路線の共産主義者を支持しなかった。穏健派の共産主義者も、EAMから離れていった。占領期に、熱狂的にEAMを支持した一般のギリシャ人の多くは、先の見えない、行き過ぎた「革命的暴力」よりは、長くつづいた戦争から一日も早く抜け出したいと思った。彼らは、自分たちの生活を建て直すための平和を求めていた。EAMと政府の対立が激化していく現状を前に、新たなギリシャのかたちを決める国民投票の実施という、戦時中からのEAMの主張は、多くのギリシャ人にとって、非現実的に思われた。ギリシャ人民衆は、政府側の暴力に対して、嫌悪感を募らせてはいた。しかし、生活の再建を考えれば、外国からの援助が期待できる政府寄りの態度を示すようになったのは、自然の成り行きでもあった。

白色テロの嵐

実際、戦争は、ギリシャに甚大な人的・物的被害をもたらした。一九四〇年から四四年に、人口の約八％にあたる、五五万人が死亡した。一七七〇の村が焼かれ、四〇万を超える家屋が完全に破壊され、ホームレスの数は一二〇万人に上った。輸送船の七三％、客船の九四％が沈没した。多くの道路が破壊、寸断された。家畜や森林にも被害は及んだ。一九四四年には、穀物は四〇％、煙草は八九％、干し葡萄は六六％生産量が減少した。荒廃した国土で、疲弊した人々が、これ以上の戦いを望まないのは至極当然のことだった。

しかし、ヴァルキザ協定によってもなお、ギリシャ人の「兄弟殺し」に、完全な終止符がうたれることにはならなかった。右翼組織による白色テロが、ＥＬＡＳの武装解除につづいた。公務員のパージがはじまった。対敵協力者を追放した他のヨーロッパ諸国と違って、ギリシャで追放されたのは、左翼思想を疑われた者と、ＥＡＭ／ＥＬＡＳで抵抗運動に参加した者だった。武装解除して無防備となったＥＡＭ／ＥＬＡＳの元成員は、右翼・王党派集団の暴力の餌食となった。ＥＡＭの資料によると、ヴァルキザ協定から一年間の白色テロによって、一一九二人が殺害され、一五九人の女性がレイプ被害にあい、六四一三人が負傷し、五五一の事務所や商店が襲撃された。

政府黙認のもと、右翼・王党派集団は、率先してテロ活動をおこなった。これらの集団は、国家の手先として利用されたのである。法と秩序による統治が整わなかった終戦直後のギリシャ国家は、左翼・共産主義者の抑圧のために、右翼・王党派集団の武力に頼らざるを得なかった。右翼・王党派集団は、警察、国家警備隊、国民軍と非公式に連携し、さらには占領期にEAMの暴力にさらされた個人をも巻き込んで、再建されつつあった国家の手先となり、白色テロの嵐を巻き起こした。ギリシャに帰還した政治家たちは、イギリスの支援にすがりながら、これら右翼・王党派の暴力に支えられて、占領期に失った自分たちの活動の場を回復していった。国家は反共を軸に再建され、国家のさまざまな機関は、反共主義者によって独占された。

一九四六年三月、国政選挙が実施された。左翼・共産主義勢力は、白色テロの中、公正な選挙は望めないとして棄権した。その結果、右翼・王党派が勝利した。同年九月、脅迫と不正操作がまかり通った国民投票で、国王ゲオルギオス二世の帰還に、六八%が賛成票を投じた。戦前の政治秩序への回帰がここに完成した。

「彼らはギリシャ人ではない」

白色テロの標的とされた、EAM／ELASの元成員や左翼思想を疑われた者の多くは、山岳地帯に逃れた。四六年一〇月には、これらの者たちを中心に、ギリシャ民主軍が結成された。民主軍は、ELASの戦後版と言える。しかし、社会の幅広い層が参加した占領期のELASと違って、民主軍では、共産党が確固とした主導権を握り、共産主義のイデオロギーがより明確な形で打ち出されていた。民主軍の核はＥＬＡＳの古参兵で占められた。民主軍は、ドイツであれ、イギリス（後にはアメリカ）であれ、外国の支配からのギリシャの解放と、農民と労働者大衆による新しいギリシャの建設を使命としていた。

一九四六年末、民主軍と政府軍は一触即発の段階に達し、四七年には全面的な内戦に突入した。同年八月、ＥＡＭに敵対したＥＤＥＳの元指導者ナポレオン・ゼルヴァスが、公共秩序大臣に就任し、左翼の討伐に乗り出した。「われわれは、ひとつのテロリズムに対して、その一〇倍のテロリズムで、ひとつの被害に対しては、その一〇倍の被害で、ひとつの殺害に対しては、その一〇倍の殺害で応えるだろう」。かつてのＥＡＭ／ＥＬＡＳの暴力への復讐心が、ゼルヴァスにこう語らせたのだった。

政府は、左翼・共産主義勢力の民主軍との戦いを、ギリシャ人どうしの内戦とは、決して認めなかった。共産主義者は、ギリシャ民族とはまったく異質な存在と位置づけられた。彼らは、ギリシャ人ではないと見なされたのである。民主軍の兵士は、近隣の共産主義国と手を結んでギリシャを脅かす敵だった。内戦は、「左翼ギリシャ人」対「右翼ギリシャ人」の二項対立ではなく、「裏切り者」「ＥＡＭ—ブルガリア人」対「民族に忠誠を誓う者」の枠組みで理解されたのである。

一九四七年、ギリシャは、戦後の「自由世界」で共産党を非合法化した最初の国となった。

一九四八年には、非常事態法五一六号によって、国民は「忠誠証明書」の携帯を義務づけられた。公職に就くことを希望する者だけでなく、すでに公職に就いている者も、忠誠委員会によって政治的信条が審査され、国家への忠誠を誓う署名が要求された。反民族的で、共産主義的思想を持つと判断された者は、「忠誠違背」との烙印《らくいん》を押され、解職されるだけでなく、通常の社会生活からも排除された。彼らは、時にその親戚も含めて、国外退去や国内の刑務所・収容所への収監、財産没収、ギリシャ国籍の剥奪といった処罰の対象とされた。一九四七年から四九年にかけて、常時、四万から五万人の左翼・共産主義者が刑務所や収容所に収監されていた。さらに、軍法会議では、四六年から四九年までに、少なくとも八〇〇〇人が死刑判決を言い渡されたと推定されている。

自由と独立を愛する心は罪か

カザンザキスの小説『兄弟殺し』の中で、政府軍の兵士として民主軍を相手に闘っていた青年レオニダスは煩悶する。自分が闘う理由が見いだせなくなっていたのである。何が真実で、何が正義なのかわからない。自分たちは、ギリシャを救済し、ギリシャに自由をもたらすために戦っている。自分たちの仲間は、民主軍に捕まったとき、寝返るよりは死を選ぶ。「撃て。われわれはギリシャ人として生まれ、ギリシャ人として死ぬのだ」。こうして仲間は敵に撃たれ、死んでいった。銃声が鳴り響いたとき、彼らは叫んだ。「ギリシャ万歳！　自由万歳！」しかし民主軍の兵士もまた、自分たちはギリシャ人であり、自分たちの側こそがギリシャに救済と自由をもたらすのだと言っている。

実際、刑務所・収容所に抑留されたり、遠方の島に流刑にされたりした民主軍の兵士や左翼・共産主義者は、自分たちの犯した唯一の罪は「自由と独立を愛する心」を持ったことにあったと主張した。ギリシャを外国の支配から解放するために戦ってきた自分たちが、政治的理由のために、不当に迫害、収監されていると考えていたのである。しかし政府は、彼らを政治犯として特別扱いすることはしなかった。彼らは、通常の犯罪者、匪賊《ひぞく》、殺人犯と同等に扱われた。

刑務所・収容所での抑留、そして死刑から逃れる唯一の手段は、思想の転向を表明することだった。数週間に及ぶ尋問、独房での監禁、拷問によって、肉体的にも精神的にも衰弱した者、残された家族に及ぶ差別待遇と迫害を案じた者が、転向表明書に署名した。転向は、それまでの自分の活動と思想を否定するだけでなく、共に闘った仲間を裏切る行為でもあった。しかし、転向の表明は、再び「ギリシャ人」に戻り、「ギリシャ人」として受け入れてもらい、ギリシャ社会に復帰するためには、必要な手続きだったのである。転向証明書とは、このようなものであった。

私こと、R・エリアスは、反ギリシャ的な手法を採用する共産党との関係を断つことを宣言いたします。私は、共産党員だったことを恥じています。今後、生粋のギリシャ人として、ギリシャ人を自称する少数の邪悪な者たちが破壊しようとしている、先祖伝来の民族の遺産に忠実に生きていくことを誓います。間違った方向に導かれているすべての若者たちが、私の例に倣うことを願います。

一方、自分の信念を曲げずに、死を選択した者も少なくない。クーラ・エレフセリアドゥは、左翼ゲリラ部隊を募った罪で、一九四七年五月一日に死刑を宣告された。彼女を告発したのは、第二次世界大戦中、ドイツ軍に協力していたギリシャ人憲兵だった。死刑執行の前日、彼女は家族に宛てて手紙を書いた。

愛するみなさん、私がまもなくどうやって死んでいくかを想像することは、あなたたちにとっては大きな衝撃かもしれません。でも、よく考えてみてください。私の理想、それは労働者すべての理想です。その理想のために、やましいところなく死んでいくほうが、私の属する党を裏切って、不誠実に生きるよりもはるかにましだということがわかるでしょう。党は、新しい体制を支持する者のために戦い、民族の独立と人民の自由のための戦いに人民を導いているのです。人民の闘士として、英雄的なギリシャ共産党員のまま死んでいく自分を、私は誇りに思います。

当初、民主軍は、政府軍に対して、優勢に戦いを進めた。しかし、イギリスの役割を引き継いだアメリカの介入で、形勢は逆転した。アメリカ大統領トルーマンは、上下両院合同会議での演説（一九四七年三月一二日）で、ギリシャの自由が共産主義勢力に脅かされていると指摘し、ギリシャが共産主義者の手に落ちれば、中東もそれにつづき、「自由世界」は連鎖的に全体主義の恐怖と抑圧にさらされるだろうと警告した。この演説は、冷戦の先駆けを告げた「トルーマン・ドクトリン」として、今日知られている。トルーマン政府の国務次官ディーン・アチソンの言葉を借りるならば、「樽の中に腐った林檎がひとつあれば、そこから別の林檎が次々と腐っていくように、ギリシャの腐敗は、イランや東方すべてに飛び火する」と論じられたのである。ギリシャは「自由世界」防衛の最前線と位置づけられた。ギリシャにはアメリカから莫大な資金が流れた。それが内戦の行方を大きく左右することになった。

民主軍の敗走

一九四七年から四九年までに、アメリカは、三億四五五〇万ドルの軍事援助をギリシャ政府軍に対しておこなった。政府軍の兵力は飛躍的に向上した。四六年に九万八二〇〇人だった兵士が、一年後には一三万人、四八年には一四万七〇〇〇人にまで増加した。最盛期ですら二万六〇〇〇人の兵士しか持たなかった民主軍には、及びもつかない兵力だった。時がたつにつれて、民主軍は、兵士を強制的に徴募するようになった。それにともなって、兵士の士気も下がった。一九四八年には、民主軍兵士の二五％だけが、自発的に参加していると見積もられた。

アメリカの援助に加え、政府軍の作戦も徐々に洗練され、効果を発揮するようになった。

しかし、民主軍敗北の決定打となったのは、「東側」の事情だった。スターリンとユーゴスラヴィア共産党指導者チトーとの関係が悪化し、四八年六月、コミンフォルムからユーゴスラヴィア共産党が除名された。この事態が、民主軍にとっての最後の頼みの綱を断ち切った。チトーは、民主軍の主たる援護者だった。しかし、民主軍を統括したギリシャ共産党指導部は、スターリンとソ連を支持することを選択した。その結果、民主軍は、隣国のユーゴスラヴィア共産党の後ろ盾を失ったのである。

一九四九年八月、北ギリシャのグラモス山での戦いが、最後の決戦となった。民主軍は敗走した。一〇月九日、ギリシャ共産党指導部は、「当面の間、武力闘争を中断」することを発表した。共産党指導部は、民主軍は今後も存在しつづけると主張した。しかしアメリカは、一〇月一九日、ギリシャ内戦は実質的に終了したとの判断を下した。トルーマン大統領は、一一月二八日、連邦議会でギリシャ政府軍の勝利を讃えた。八万から一〇万人の左翼・共産主義者のギリシャ人が、ギリシャを去り、「鉄のカーテン」の向こう側に身を寄せた。

3 「自由を、パンを、教育を！」

内戦終了後のギリシャでは、右翼政治家による支配体制が敷かれた。国家行政は、保守的官僚によって担われた。君主制を支持し、国王と手を結んだ軍が、強大な力を持った。ギリシャ・ナショナリズムは、保守主義と君主制を支持することを意味したのである。政治的信条が、就職や職場での昇進と密接に結びついた。左翼だけでなく、時には、中道主義者も公的社会生活から排除された。共産党は、非合法化されたままだった。政治指導者層は、亡命した左翼・共産主義者が、国外からギリシャの一般大衆に影響力をふるうのを過度に恐れていた。亡命先から密かに帰還した左翼・共産党員は、スパイと断定され、処刑されることもあった。

共産主義への警戒は、国家権力による、国民の監視と抑圧を正当化した。内戦期に逮捕された左翼・共産主義者の中には、なお刑務所に抑留されている者もいた。治安部隊が、左翼・共産主義運動を厳しく取り締まった。人々は、個人情報が詳細に記された、警察が発行する身分証明書を、常時携帯しなければならなかった。それを提示しなければ、あらゆる公的書類を手にいれることができなかった。警察は、思想・信条に疑いのある者に対して、身分証明書の発行を拒否した。個人の自由は徹底的に抑え込まれた。

国家によって監視、統制される息苦しい社会に対する、人々の不満は鬱積していく。一九六〇年代に入ると、変化を求める機運が徐々に生まれた。そのひとつの兆候が、一九六四年の国政選挙で、ゲオルギオス・パパンドレウ率いる中道政党の中央同盟が勝利したことだった。この選挙で、長らく政権の座にあった右翼政党の国民急進同盟が敗北した。中央同盟の躍進は、右翼政治家、軍人、右翼の恩恵を受けてきた人々を怯えさせた。「軍隊は国民に属する」という中央同盟のスローガンは、国王の権威に対する挑戦と受けとめられた。諸外国に依存しない独自の外交路線の主張も、アメリカや北大西洋条約機構（NATO）との関係を否定するものと理解された。

パパンドレウ政府は、社会的、経済的に下層に置かれた人々のための、さまざまな改革を実行した。農民の年金の増額、農産物価格の値上げ、労働者の賃金の引き上げがおこなわれた。教育関連では、中等・高等教育の無償化、初等教育におけるディモティキの義務化、中等教育での新たな学科（社会学や経済学など）の導入が実施された。警察権力による取り締まりも緩和された。刑務所に収監されていた左翼・共産主義者の大半が釈放された。数多くの反共産主義自警集団は解散を命じられた。

右翼の軍人が、この状況に最も危機感を持った。ギリシャ民族の守護者を自任する彼らにとって、パパンドレウ政府は、国家を左翼・共産主義の影響のもとにさらし、国家を破滅に導くものだった。首相パパンドレウの息子アンドレアスが、左翼寄りの将校集団アスピダの活動に関与しているとの噂も、右翼軍人の確信を強めた。しかも、軍の統帥権をめぐり、パパンドレウと国王コンスタンディノス二世が激しく対立したことは、国王の後ろ盾によって確固たる地位を築いていた右翼軍人の不安を煽った。

軍事独裁政権の誕生

一九六五年七月、国王は、パパンドレウを罷免した。暫定政権が樹立されては解体する、不安定な政治状況がつづいた。街頭ではパパンドレウ支持のデモ行進や、さまざまな政治的要求を掲げたストライキが、一年半以上にわたって繰りひろげられた。警察とデモ隊の衝突で死傷者もでた。国の秩序は崩壊し、混乱だけが拡大した。

安定した議会運営の再興を目的とした総選挙を、一九六七年五月に実施することが、ようやくとり決められた。選挙では、パパンドレウの中央同盟が勝利することは確実と思われた。軍の右翼強硬派の将校たちは、これを阻止するため、四月二一日早朝、クーデタを決行した。この日から一九七四年七月まで、軍事独裁政権がギリシャを支配した。ギリシャ人の自由は再び遠のいた。

クーデタの首謀者たち――ゲオルギオス・パパドプロス大佐、ニコラオス・マカレゾス大佐、スティリアノス・パタコス准将――は、共産主義者によるギリシャ乗っ取りを阻止するためだったとして、軍事力による政権奪取を正当化した。共産主義への嫌悪感と、近隣共産主義国がギリシャに及ぼす影響への恐怖心は、常にギリシャ社会を覆っていた。しかし、差し迫った共産主義の脅威は、その当時、実際には、どこにも存在していなかった。

首謀者たちは、「一九六七年四月二一日革命」の名のもとに、権威主義的新体制を発足させた。「血を流すことなく実行された革命が、明白な運命に向かって前進している！　純粋で無類の民族であるギリシャ人よ、誤った信念を持つ体制の廃墟から、再生の花を、思うさま咲かせようではないか」。四月二一日の朝、ニュース放送で流されたクーデタ完了を告げる彼らの言葉だった。

戒厳令が敷かれ、クーデタから数日の間に、主要な政治家を含む一万人もの人々が逮捕された。すべての政党活動が禁止され、議会は機能を停止した。憲法も停止された。国家の安全を脅かすと考えられた団体も解散させられた。中央や地方の行政機関だけでなく、裁判所、大学をはじめとする教育機関、教会、労働組合、農業協同組合といったさまざまな組織が、軍事政権の直接的、あるいは間接的な監視の下に置かれた。内戦期の収容所が再開された。軍事政権に反対する者や、左翼・共産主義者に対する、過酷な拷問や暴力行為が繰り返された。

当初、国王コンスタンディノス二世は、軍事政権に歩み寄る姿勢を示した。しかし、軍事政権の強硬路線にはやがて耐えかねるようになった。同年一二月、国王は反クーデタを企て、失敗した。国王はローマに亡命した。国王は不在のまま廃位され、一九七四年七月、軍事政権崩壊後の国民投票で、正式に君主制が廃止されることになる。皮肉にも、ギリシャの君主制は、共産主義者や共和主義者によってではなく、かつてはその最大の支持者であった右翼軍人の独裁政権によって、最期を迎えるきっかけを与えられたのである。

首相となったパパドプロスは、次第に権力を集中していった。彼は、外務・国防・教育・政策大臣を兼務した。軍事独裁をより確固たるものにするため、一九六八年一〇月には新憲法が導入された。この憲法は、国民投票で九一・八七%の賛成を得たとの公式発表があったが、結果は不正に操作されたものだった。一九七三年に、パパドプロスは大統領に就任した。

軍事政権は、第二次世界大戦以降ギリシャで進行した、「道徳上の病」を一掃すると宣言した。ギリシャ人こそが「文明」をつくりだしたという事実は、世界が認めることであり、今こそギリシャは、その歴史的役割に恥じないよう蘇るときだ、と政権はさかんに宣伝した。政権のイデオロギーは、『我々の信条』として出版された。

パパドプロスは、新たな「ギリシャ・キリスト教文明」の創造を唱道し、反近代的な、厳格で時代遅れの価値観を人々に強要した。なかでも最も滑稽な政策は、女性のミニスカート着用と男性の長髪の禁止だった。若い男女が同席する社交行事も禁じられた。学校では毎朝国旗を掲揚することが義務づけられた。教育現場では、ディモティキの使用が次第に広まっていた現状に逆行して、カサレヴサの使用が義務づけられた。反共の観点から、ロシア語やブルガリア語の学習は禁じられた。すべての出版物は検閲された。ロシアやソ連について書かれたもの、歴史上のさまざまな革命に言及したものは、出版が許可されなかった。自由な発想や思想の温床と考えられた文芸雑誌や、新聞の文学に関するコラムも、当局の指示により、一時読むことができなくなった。ギリシャ国家とギリシャ民族への忠誠心を持つことが、何よりも重要と考えられた。「ギリシャ民族気質」（エスニコフロシニ）が欠けていると判断されるや、その人物は職場を解雇され、公安当局の捜査の対象とされた。海外で、「反ギリシャ的」――軍事政権に反対する――活動に従事したギリシャ人は、ギリシャ国籍を剝奪され、ギリシャ国内の財産を没収された。

西側陣営とギリシャ

ギリシャの同盟国である西側ヨーロッパ諸国は、抑圧的で非人道的な軍事政権に対して反発を強めた。その結果、軍事政権は、ヨーロッパ評議会を脱退した。ヨーロッパ共同体（EC）は、ギリシャの準加盟国としての地位を保留した。

しかし、当時西側陣営は、軍事的理由から、ギリシャを必要としていた。そのため、軍事政権を公然と非難することは避けられた。一九六〇年代以降、ギリシャの置かれた地政学的位置は、NATOにより重要視された。キプロスでの危機（第六章参照）やアラブ・イスラエル戦争（一九六七年六月勃発）に乗じて、ソ連は、東地中海地域でその影響力を強めようとしていた。一九六九年九月、リビアでカダフィ大佐が権力を掌握すると、アメリカ軍はリビアの基地を失った。一九七一年六月、マルタの新首相ドン・ミントフは、NATO関連の船舶がヴァレッタ港を使用することを認めないと発表した。東地中海地域の防衛という観点から、アメリカは、ギリシャの海軍施設を必要とした。ギリシャの軍事政権は、これに積極的に応じる姿勢を示した。アテネの海岸は、アメリカ海軍の「母港」となった。さらに軍事政権は、NATOの同盟国によるギリシャ領内での軍事訓練の実施を快く認めた。

当時、ギリシャ人の大半は、アメリカこそが軍事政権樹立に手を貸し、その政権を支えていると固く信じていた（今日においても、その「神話」は根強く残っているが、それを証明する史料は発見されていない）。軍事政権を公式に認めた最初の国は、アメリカだった。ニクソン政権は、ギリシャ系アメリカ人の副大統領スピロ・アグニューの仲介で、軍事政権と非常に良好な関係を持つにいたった。

学生が翻した叛旗

一種の恐怖政治体制を敷いた軍事政権の下、ギリシャ国内であからさまな抵抗運動をおこなうことは、ほぼ不可能だった。もちろん、抵抗運動がまったく見られなかったわけではない。「民主防衛」という集団が、クーデタ直後に結成され、パパドプロスの暗殺を試みたが、失敗に終わった。活発な抵抗運動を展開したのは、軍事政権樹立後に、国を脱出して海外に向かったギリシャ人と、海外のギリシャ系の人々だった。ロンドン、ニューヨーク、パリなどで、軍事政権を糾弾する数多くのグループが結成された。その中でも、アンドレアス・パパンドレウが率いた全ギリシャ解放運動ＰＡＫは世界に名を馳せた。ＰＡＫは、軍事政権の実態と問題点を、国際社会に広く知らしめる役割を果たした。

軍事政権崩壊の序章は、ギリシャ国内からはじまった。一九七三年にはいると、学生による反体制運動が、首都アテネでも地方都市でも見られるようになった。学生は、大学の自治と学問の自由を認めない政権に抗議の声をあげた。彼らは、具体的な改革要求を議論しはじめたのである。一〇月に入ると、公的集会の禁止を無視して、学生の大規模なデモ行進が決行された。一一月四日、中央同盟の元党首ゲオルギオス・パパンドレウの五周年忌がおこなわれた。参列した一万人以上の人の波は、軍事政権反対を主張する行進となった。

一〇日後の一一月一四日、アテネ工科大学に学生が続々と集まってきた。翌日、海賊ラジオ放送「ラジオ工科大学」から、アテネの一般市民に向けて、暴政に対して立ち向かおうという呼びかけがはじまった。学生は、社会正義の実現と政治的自由の復活を要求した。「軍事政権にノーを!」と書かれた横断幕が、大学の建物に掲げられた。「自由を、パンを、教育を!」「われわれは国家を愛する。われわれは軍事政権を憎む」。学生たちは叫んだ。そして、国歌「自由への賛歌」を斉唱した。

軍事政権は武力で応じた。一一月一六日から一七日にかけての深夜、アテネの大通りを戦車が進み、工科大学の正門から構内に突入した。学生と彼らを支持して集まった市民に、武装警官と軍の部隊が暴行を加えた。七〇〇〇人あまりが逮捕され、数百人が負傷した。正確な死者数は、今日まで明らかになっていない。さまざまに詮索されることを恐れて、殺された者の親類や友人が死亡届を出すことを躊躇したためである。のちに公式発表された死者数は四三名だが、実際は八〇名程度と見積もられている。

軍事政権は、学生の抵抗運動を鎮圧した。しかし、武力を用いることでしか国民を従わせることができないこの政権の、余命が尽きようとしていることは、もはや明らかだった。工科大学の事件直後、政権内部でクーデタがおこった。パパドプロスに代わって、イオアニディスがトップに立った。彼は、キプロス島をギリシャに併合し、民族的勝利を達成することで、ナショナリズムを刺激しようとした。これを成功させれば、国民の大きな支持を獲得して、政権を建て直すことが可能だと考えたのである。

人口のおよそ八割をギリシャ系、二割をトルコ系の住民が占めるキプロス島は、一九六〇年にキプロス共和国としてイギリスから独立し、ギリシャ系の大主教マカリオスが大統領に就任していた。ギリシャの軍事政権は、アテネこそがヘレニズムの中心地であり、キプロスはそれに従うべきだと繰り返し主張していたが、マカリオスは頑としてこれに応じなかった。一九七四年七月一五日、イオアニディスは、マカリオスの殺害を命じたが、失敗におわった。その五日後、トルコ系住民保護との名目で、トルコ軍がキプロス島に侵攻し、北部を占領した。イオアニディスは、即座にギリシャ軍の総動員を呼び掛けたが、もはやそれに応じる軍人はいなかった。軍事政権は自滅した。

トルコ軍侵攻の爪痕（1974年）

ギリシャの目覚め

軍事政権の崩壊は、ギリシャの歴史にとって、大きな転換点となった。第二次世界大戦と内戦以来対立をつづけていた、右翼と左翼の政治家と知識人たちが、軍事政権に反対することで結束し、協力しあえる状況が生まれていた。七年にわたる軍事独裁の経験から、人々は、公正で自由な選挙と政治がいかに大切なものであり、必要不可欠なのかを実感した。軍が政治化し、特定のイデオロギーが軍や警察権力によって強制され、人間としての自由が抑圧、剥奪されてきた戦後の政治体制――その最も極端なかたちがパパドプロスの軍事政権だった――との決別の時だった。

軍事政権以前の政治家と、政権に見切りをつけた軍人たちの話し合いで、国民急進同盟の元党首コンスタンディノス・カラマンリスが、ギリシャ再興の政治家として選ばれた。カラマンリスは、七月二四日、亡命先のパリから一一年ぶりに帰還した。

民主主義発祥の地ギリシャで、民主主義に基づく国づくりの新たな一歩がようやく踏み出された。国民投票により、君主制は正式に廃止された。共産党は合法化された。それは、長年にわたるギリシャ政治の緊張状態が解かれたことを象徴する出来事だった。七五年には新憲法が公布され、民主主義的政治体制の柱となった。カラマンリスは、新民主主義党NDを新たに結成した。アンドレアス・パパンドレウが率いる、ギリシャ初の社会主義政党全ギリシャ社会主義運動PASOKがその対抗勢力となった。これらふたつの政党は、今日までつづく二大政党であり、ギリシャの政権を交互に担うことになった。

一九七五年五月、カンヌ映画祭で、ギリシャ人映画監督テオ・アンゲロプロスの作品『旅芸人の記録』が初上映され、大成功を収めた。七六年には日本でも公開され、絶賛された。撮影は、軍事政権下のギリシャで、当局の監視をかいくぐりながら敢行された。上映が四時間にもおよぶこの大作は、第二次世界大戦に突入する直前から、内戦後の右翼政権成立までのギリシャ史を背景に、アガメムノン一族のギリシャ神話のモチーフを織り交ぜながら、旅芸人一座の人生模様を描いている。占領軍に抵抗して闘う者。民主軍の兵士として、政府軍と闘う者。占領期にはドイツ人に協力し、内戦期にはイギリス人におもねる日和見主義者。拷問に耐えられず転向声明書に署名する者。共産主義の大義に身を捧げて処刑される者。民主軍の兵士である弟の隠れ場所を教えろと、レイプされながら脅迫される女。イギリスの軍人と遊びまわり、アメリカの軍人と結婚する女。座員それぞれの生き様は、裏切り、憎悪、そして復讐が渦巻いたこの時代を生きたギリシャ人の縮図でもあった。

この映画が、軍事政権崩壊の翌年に世界に向けて発表されたことの意味は大きい。「兄弟殺し」の過去を超えて、ギリシャ人がお互いを赦しあい、真の意味で自由を謳歌できる民主的な国をつくりあげるためには、ギリシャ人自身が、直近のギリシャ史を正視する眼差しを必要としていたからである。

第六章　国境の外のギリシャ人

前章までは、ギリシャという国家の成立とあゆみを中心に扱ってきた。ただし、これまでの記述からも明らかなように、ギリシャ人がギリシャという国家の境界を越えて生きてきたことも事実である。近現代のギリシャ理解を深めるためには、国境外のヘレニズム世界の展開に目を向けることも重要となる。それはギリシャという国家のあり方とも密接な関わりを持つ。

本章では、黒海出身のギリシャ人、アメリカ合衆国に移民したギリシャ人、そしてキプロス島のギリシャ系住民の歴史のひとこまを紹介する。これらの人々の経験は、現代世界のさまざまな動向を理解するためにも、重要な手がかりを与えてくれるに違いない。

1　黒海をめぐるオデュッセイア

ポンドスのギリシャ人と呼ばれる人たちがいる。彼らの祖先が黒海南岸の出身であるためにそう呼ばれている。「ポンドス」（古代ギリシャ語では「ポントス」）とは、黒海のギリシャ語の別称「エフクシノス・ポンドス」(人を歓待する海)に由来する。

黒海とギリシャ人との結びつきは古く、神話時代にまでさかのぼる。プロメテウスが、人類に火を伝えたためにゼウスの怒りをかい、縛り付けられて拷問されたのは、黒海東岸のカフカス(コーカサス)の山頂だった。そのプロメテウスを救ったのは、半神半人の英雄ヘラクレスである。アルゴー船の物語も、黒海最果ての地コルキスで金羊毛皮を手にいれ、ギリシャ本土に戻るまでの、ギリシャ人の冒険譚である。

紀元前八世紀から六世紀には、七〇を超えるギリシャ人の植民市が黒海沿岸全域に建設され、活発な経済・文化活動がおこなわれた。ポンドスのギリシャ人たちは、時とともに、土着の住民となった。彼らのコミュニティは、ビザンツ帝国領に編入された。一二〇四年、第四回十字軍はビザンツ帝国の首都コンスタンティノープルを征服し、ラテン帝国を建てた。その混乱のなかで生まれた、ビザンツ貴族による亡命政権のひとつが、ポンドスのギリシャ人の都市トレビゾンド(トラブゾン)を首都とした、トレビゾンド帝国(一二〇四-一四六一年)だった。この国は、オスマン帝国のスルタン・メフメト二世の手におちるまで、二五〇年以上にわたって、正教的ギリシャ文化の一大中心地としての役割を果たした。オスマン帝国時代も、ポンドスは、小アジアに存在した三つの主なギリシャ人居住地域——ほかのふたつは内陸のカッパドキアと、スミルナ(イズミール)を中心とする小アジア西岸地域——のひとつとして存在しつづけた。

生きつづけるポンドス語

ポンドスの住民、そしてその子孫が、「ギリシャ人」と区別され、わざわざ「ポンドスのギリシャ人」と呼ばれる理由は、彼らの話す言葉にある。彼らは、他のギリシャ人が話すギリシャ語とは、顕著に異なる特徴をもったギリシャ語——ポンドス語（ギリシャ語で「ポンディアカ」）——を話すのである。ポンドスのギリシャ人は、一一世紀後半から、セルジューク朝が小アジアに支配領域を拡大したために、他のギリシャ人コミュニティから切り離され、地理的に孤立した。それ以来、他のギリシャ語の発展と違う道のりをたどった。

ポンドスのギリシャ人の多くは、自分たちの話すギリシャ語は、古代のイオニア方言の流れを継承した、最も古いギリシャ語を保存したものであると信じている。古代ギリシャ語とポンドス語の強い結びつきは、彼らには大きな誇りとなっている。ポンドス語を、「かたちの崩れた古代ギリシャ語」と説明する研究者もいる。しかしながら、今日話されているさまざまなギリシャ語は、ポンドス語を含めて、すべて古代ギリシャ語から発展した、コイネーに由来する。その意味では、すべてのギリシャ語の口語は、古代ギリシャ語を基準とした場合、それとは異なる「かたちの崩れた」言葉だと言えよう。そのように考えると、現代ギリシャ文学・言語学者ピーター・マクリッジが言うように、ポンドス語も、今日のアテネの標準口語同様、現代ギリシャ語の一種であると考えるのが妥当である。

マクリッジによると、バルカン半島のギリシャ語圏のギリシャ人が、ポンドス語のなかに見出す「古代語」の要素とは、実際は、ポンドスのギリシャ人コミュニティに限らず、ギリシャ世界で、中世まで広く使いつづけられていた要素であるという。その後、バルカン半島で話されるギリシャ語で、それらの要素が消滅してしまったのに対し、ポンドス語ではそれらが生きつづけたのである。中世のギリシャ語口語の語彙や文法を保存する一方で、ポンドス語は、他の言語の要素も受け入れていった。オスマン帝国時代にポンドスに住んだトルコ人の話したトルコ語は、ポンドス語の語彙やイディオム、シンタックスに、大きな影響を与えた。さらに、後述するように、ポンドスのギリシャ人は、ロシア語が話されている地域に移動したため、ロシア語の単語——特に、技術や政治・行政に関連する抽象概念——をポンドス語に取り入れていった。

ポンドスのギリシャ人の歴史は、今日のギリシャという国の境界線を越えている。一九二二年、ギリシャ軍は、トルコ共和国を建設することになるムスタファ・ケマルの軍と戦い、惨敗した。「メガリ・イデア」の夢は散った。翌年のギリシャ・トルコ間の強制的住民交換協定により、小アジアのギリシャ人は、難民としてギリシャ王国に送られた。ポンドスのギリシャ人たちも、この協定が指示するところの「ギリシャ人」に含まれていた。彼らは、このとき、先祖代々住み慣れた土地を離れることになったのである。

しかし、ポンドスのギリシャ人の歴史は、ここで終わらない。彼らの歴史は、ギリシャ国家の歴史に回収されることはなかった。住民交換以前から、ポンドスのギリシャ人の一部は、すでにこの土地を離れ、黒海東岸や黒海北岸のクリミア半島からアゾフ海に向かっていた。彼らによって、ポンドスのギリシャ人の歴史は、ギリシャ国家の国境の外側でつづけられていくことになったのである。

ロシアへの流出

一五世紀半ば以降、オスマン帝国支配下の小アジアでは、ポンドスのギリシャ人の流出がはじまっていた。ある者は、黒海東岸のグルジアに逃れた。ある者は、ロシアに逃れた。どちらも、彼らと同様に、正教を信奉する人々の住む土地だった。一八〇一年にグルジアがロシア領に併合されると、さらに多くのポンドスのギリシャ人が集まってきた。一七世紀半ば以降、地中海をめざして徐々に領土を南に伸張していたロシアは、一八世紀後半には、黒海北岸のクリミア半島にまで達した。ポンドスのギリシャ人は、クリミア半島と、さらにその内海のアゾフ海沿岸に向かった。ロシア当局は、新領土の経済発展のため、移住してきたギリシャ人に商業特権を与えるなど、優遇策をとった。ポンドスのギリシャ人にとって、同じ正教を信仰する大国ロシアの保護は、心強い支えだった。

一八二一年にギリシャ独立戦争がはじまると、さらに多くのポンドスのギリシャ人が、イスラーム教徒による報復を恐れて、黒海南岸からロシア領に流出した。ギリシャが独立国家を建国したのちも、ロシア領カフカスへの流出はやまなかった。ロシア当局は、カフカスからオスマン帝国領に去ったイスラーム教徒の土地に、積極的にギリシャ人を入植させた。クリミア戦争（一八五三－五六年）は、ポンドスのギリシャ人のロシア領への移動をさらに活発化させた。戦争中、カフカスのイスラーム教徒の多くは、オスマン帝国に逃れた。彼らの一部は、黒海南岸にやってきた。その結果、ポンドスのギリシャ人と彼らの間に、対立や諍《いさか》いが頻発した。そのため、ギリシャ人の一部は、そこを去らざるを得なかったのである。黒海東岸のロシア領に、ギリシャ人のための村が次々と建設された。一八七七年から七八年の露土戦争直後には、経済的重圧と盗賊による略奪と暴力のために、一〇万人以上のギリシャ人が黒海南岸からロシア領に向かった。

ギリシャ王国という、ギリシャ人の国民国家がすでに存在していたにもかかわらず、ポンドスのギリシャ人のなかで、王国に向かった者は少数にとどまった。大多数が、ロシアに移住したのである。一九世紀後半には、ロシアは正教徒の保護者ではなく、スラヴ民族の保護者としての色合いを強める。汎スラヴ主義は、ギリシャ人排除のイデオロギーを含み、ヘレニズムにとって大きな脅威だった。ロシア化されてしまうことを恐れたポンドスのギリシャ人聖職者は、住民たちがロシアに移住しないよう説得しようとした。これに対し、彼らはこう答えたという。「われわれの信仰のあるところに、われわれは行く」。ロシアは故郷から近く、陸続きである。そのことも、エーゲ海を臨む、遥か遠いギリシャ王国より、彼らが、ロシアを新たな住処として選択した理由だった。一九世紀末から二〇世紀はじめのポンドスのギリシャ人にとって、国民国家と結びついた近代的な民族意識は、自分たちの運命を決定する絶対的な基準ではなかった。彼らは、前近代的な宗教を基盤とするアイデンティティを保持していた。

ポンドスのギリシャ人は、ギリシャ王国を自分たちにはまったく無縁だと考えていたわけではない。彼らは、ギリシャ王国に足を踏み入れたことはなかった。だが、ギリシャ王国でのナショナリズムの発揚を受け、王国のギリシャ人と自分たちが、同じ民族であることを意識しはじめる者もいた。一八九七年のギリシャとオスマン帝国との戦争、そして一九一二年から一三年のバルカン戦争に、義勇兵として参加した多くのポンドスのギリシャ人がいたことは、ギリシャ王国のギリシャ人に、彼らが同胞意識を持っていた証左のひとつである。

一九二三年の住民交換まで、黒海南岸のギリシャ人の、ロシアへの流出は断続的につづいた。第一次世界大戦末期の一九一八年には、トルコ民族主義者の激化する暴力のために、約八万五〇〇〇人にのぼるギリシャ人が、グルジアとロシアに移住した。一方、ロシア革命後に締結されたブレスト・リトフスク条約（一九一八年）の結果、ロシアからオスマン帝国領に戻された、カルスとアルダハンに住んでいたポンドスのギリシャ人は、困難な状況に陥った。ギリシャ政府による救出作戦（一九一九－二一年）によって、一部は難民としてギリシャ王国に移送された。残りの多くが、ロシア領をめざして、再び移動した。

恩恵と粛清

一九一七年、ロシア一〇月革命が勃発したとき、ロシア領内のギリシャ人人口は、四〇万人から七五万人であったと見積もられている。その大半が、ポンドスのギリシャ人であり、彼らはカフカスを筆頭に黒海の東岸、北岸に集中して存在した。

一九二〇年代から一九三〇年代はじめまで、ソ連政府は、非ロシア系の民族集団が、それぞれの文化的アイデンティティを維持することを推奨した。この政策に沿って、非ロシア系の学校がつくられ、民族の言語による新聞の出版、劇の上演がおこなわれた。ポンドスのギリシャ人もこの政策の恩恵を受けた。ソ連政府は、ギリシャ語で教育する学校の設立や、ギリシャ語の新聞や雑誌の発刊を支援する姿勢を見せた。

ギリシャ王国と同様に、ソ連のギリシャ人コミュニティでも、どのギリシャ語が民族の言語としてふさわしいかをめぐる問題が浮上した。ポンドスのギリシャ人が大多数を占めたとはいえ、それ以外のギリシャ人も考慮して、民族の文化を醸成する必要があった。参照されたのは、ギリシャ王国のギリシャ語だった。一九二六年には、カサレヴサ（純正語）に代わって、ディモティキ（民衆語）が教育言語とされた。しかし、カサレヴサにしろ、ディモティキにしろ、ポンドスのギリシャ人にとっては、理解できない外国語のようなものだった。したがって、ポンドス語の新聞や書籍、マルクス主義関連の文書、トルストイ、チェーホフ、ゴーリキなど、ロシア人作家による小説のポンドス語翻訳なども盛んに出版された。

ポンドスのギリシャ人知識人のなかには、ディモティキではなく、ポンドス語を公式の言語とし、教育もポンドス語でおこなうことを主張した者もいた。その試みは、ソ連当局によって拒否された。ポンドスのギリシャ人は、他のギリシャ人との結びつきを断つことなく、ギリシャ文化の発展を通して、革命のメッセージを伝えるべきだとされたのである。ポンドス語をひとつの独立した言語として認めれば、ポンドスのギリシャ人が自治を要求することが予測された。当局は、その分離主義的な動きを、事前に阻止しようとしたのである。

一九三〇年代に入って、ソ連の体制はロシア中心主義に傾斜し、徐々に少数民族を抑圧するようになった。三七年以降のスターリンによる粛清は、ギリシャ人にも影響を与えた。一九三七年から三九年にかけて、迫害の勢いは増した。共産党員でさえ、その餌食となった。数千のポンドスのギリシャ人が、ブハーリンとトロツキーを支持している、ソビエト政権を転覆させ、南ロシアにギリシャ共和国を創設しようとしている、というのがその理由だった。「人民の敵」として処刑されたり、シベリアの強制収容所に送られたりした者もあった。スターリンの粛清で、五万人のギリシャ人が命を落としたといわれる。

流刑に処されるポンドスのギリシャ人

一九三七年から三九年の間には、ギリシャ文化に関連した活動も、次々に禁止された。ギリシャ語で教育する学校は閉鎖され、所属する共和国に応じて、ロシア学校、アルメニア学校、グルジア学校に変更された。ギリシャ人による劇場も閉鎖された。ギリシャ語の印刷機は破壊された。マリウポリのギリシャ語出版社の所有物は、海中に投棄された。ギリシャ語の新聞、雑誌、書籍は出版できなくなった。ギリシャ人の教会は、破壊こそ免れたものの、倉庫、共産党のオフィス、学生の共有スペースとして使用された。ギリシャ人をはじめとする少数民族は、それぞれの共和国の主要民族に同化することが求められた。

第二次世界大戦がはじまると、新たな迫害がはじまった。あらゆる少数民族が「裏切り者」のレッテルを貼られた。一九三九年から四一年にかけて、バルト海から西ウクライナにいたる地域で、多くの人々が追放された。ナチ党のドイツが占領をはじめる直前、四一年には、ドイツ系住民が中央アジアに移送された。南ロシアのクバン川渓谷のポンドスのギリシャ人も、一部がウラジオストクへ、その他大多数がカザフスタンに移送された。移送を免れたギリシャ人の中には、反ナチ抵抗運動に身を投じた者もあったが、彼らの犠牲的行為が、戦後のソ連史の中で語られることはなかった。一九四四年にドイツ軍が撤退するまでに、南ロシアからは、七万人のギリシャ人が北カザフスタンやシベリアに追放された。ギリシャ語の地名はすべて改変された。四六年には、残されていたクバン川のギリシャ人が、カザフスタンに送られた。追放者のための特別区がつくられ、厳しく監視された。

一九四九年、約一〇万人のカフカスのギリシャ人が、「特別流刑人」のカテゴリーに分類され、カザフスタンやウズベキスタンに送られた。ギリシャ人の財産はグルジア人に与えられた。流刑の背景のひとつとして言われるのは、非グルジア人の排除を目的とした、グルジア・ナショナリズムの高揚である。一方、ギリシャ国家の動向に目を向けると、四九年の流刑は、また別の意味を帯びる。この年、ギリシャ内戦は、共産主義勢力の敗北をもって終結し、ギリシャは最終的に西側陣営に収まった。当局は、ソ連内のギリシャ人を「西側」のスパイと見なした。さらに、スターリン主義者は、ポンドスのギリシャ人を、「国家なき世界市民」として危険視した。そのような民族集団が国境付近に存在することは、国防上問題とされたのである。流刑に処されたポンドスのギリシャ人は、新たな五ヵ年計画の労働力となった。中央アジアに送られたギリシャ人の多くは、炭鉱労働や綿花栽培に従事した。

スターリンの死後、流刑地の人々の状況は幾分緩和され、ある程度移動の自由も認められた。しかし、新たな移住には多大な経済的負担が伴うことから、ポンドスのギリシャ人の多くは、中央アジアに残った。三七年以来ギリシャ語による教育の機会を失った彼らは、徐々に、言語的にロシア化、あるいはアジア化していった。一九七〇年の調査では、ソ連邦の三三万六八六九人のギリシャ人のうち、ギリシャ語を使用していると申告したものは、三九・三％だった。これは、調査した民族集団の中で、下位三位のグループに入る数字だった。

一九八〇年代のペレストロイカの時代に、状況は一変した。ギリシャ人は自由にソ連領内を旅行できるようになった。ギリシャ語も、再び教えられるようになった。数多くのギリシャ文化協会がつくられ、これを統合した組織も生まれた。民族アイデンティティが認められ、尊重された。文化的な自治も考慮されるようになった。

しかし、ポンドスのギリシャ人の大多数が、ソ連領内にとどまることはなかった。東側世界の崩壊が、ポンドスのギリシャ人に、再度の――そして、おそらく最後の――旅路を強いたのである。

「難民」か、「帰還者」か

ソ連の体制が揺るぎはじめた一九八〇年代末になると、ポンドスのギリシャ人は、中央アジアから、はるばるギリシャに向かうようになった。一九八七年には五二七人、八八年には一三六五人、八九年には六七九一人に達した。一九九〇年には、毎月一五〇〇人のギリシャ人が、ソ連からギリシャに流入するほどになった。彼らが「母国」ギリシャに向かった理由は、三つある。第一に、一九二三年のギリシャ・トルコ間の住民交換以降、ギリシャ国家には、すでにポンドスのギリシャ人が住んでいたこと。第二に、中央アジアのイスラーム教徒のナショナリズムの高まりが、彼らの生活を脅かしたこと。第三に、物質的・経済的によりよい生活を求めたことである。

これらポンドスのギリシャ人は、ギリシャでは、「本国帰還者」(パリノストゥンデス)と呼ばれた。ギリシャという国には一度も住んだことがないにもかかわらず、そのような呼称が用いられた。彼ら自身は、「難民」であると主張し、一九二三年に小アジアからギリシャに流入したギリシャ人難民に対して施された優遇措置と同等のものが、自分たちにも適用されることを望んだ。

しかし、ギリシャ政府の政策は、必ずしもポンドスのギリシャ人の期待に応えるものではなかった。かつて、小アジアからのギリシャ人難民は、マケドニアを中心とした北ギリシャに土地を与えられ、地域発展の大きな原動力となった。政府はこの例にならい、今度は後進的なトラキアへの定住を図ることで、この地域の活性化を企てた。この地域に集住するイスラーム教徒との人口のバランスをとるという意味でも、彼らは役立つと考えられた。しかし、ポンドスのギリシャ人の多くは、就業の機会の大きい都市に定住することを望んだため、この政策は成功しなかった。

ポンドスのギリシャ人の、ギリシャ社会への適応も容易ではなかった。ソ連からの入国者の約四分の三が、四〇歳以下だった。ギリシャ語教育の機会を持たなかった彼らの大多数は、ギリシャ語を話すことができなかったのである。より年齢層の高い者たちは、ポンドス語を話した。ポンドス語は、豊穣なギリシャ文化の一側面を証し立ててはいる。しかし、ギリシャ国家の中で生きるという実際面では、「役立たない」ギリシャ語だった。彼らの多くがギリシャ国内に親類縁者を持たなかったことも、彼らを社会から孤立させる要因となった。また、一九二三年の小アジアからのギリシャ人難民は、「強制的な」移住だったのに対し、ソ連からのギリシャ人は、経済的恩恵を求めて自発的にギリシャに入国した経済移民であるとして、ギリシャ政府もギリシャ人一般も、より醒めた対応に終始した点も否定できない。

ソ連から「帰還」したポンドスのギリシャ人にとって、「母国」ギリシャは、必ずしも安住の地ではなかった。同じ「ギリシャ人」とはいえ、彼らと、ギリシャ国家のギリシャ人を隔てる溝は大きかった。彼らは、ギリシャ国家と地理的に遠く離れ、政治、社会、文化的にも隔絶されて、自分たち独自の歴史を刻んできた。彼らは、さまざまな民族との共存を経験しながら、他の民族に同化されることはなかった。それらすべての歴史と経験が、彼らのアイデンティティをつくりあげていた。そのアイデンティティは、たとえ彼らの多くがポンドス語を話すことがなくなったとしても、やはり「ポンドスのギリシャ人」として、他のギリシャ人からは区別される、唯一無二のものなのである。

一九九〇年代はじめ、ソ連からギリシャに「帰還」しようとしていた、あるポンドスのギリシャ人は、インタヴューでこう語った。

パスポートによれば、私はギリシャ人である。両親はギリシャ人で、私はカザフスタンで生まれた。子どもにはギリシャで成長してもらいたいし、子どもはギリシャ人にしたい。だから、私はギリシャに行く。

ギリシャ社会の中で生きる、ソ連出身のポンドスのギリシャ人の苦闘は、今日もなおつづいている。長い時間と壮大な空間にまたがる、彼らのオデュッセイアは、ギリシャ人の歴史的広がりを、改めて想起させる。同時に、「ギリシャ人」とは何か、ギリシャ国家はギリシャ人とどういう関係にあるのか、といった本質的な問題を、私たちに投げかけている。

2　アメリカ移民という選択

一九〇八年一二月二八日

親愛なるコスタス

僕たちがずっと待ち望んでいたときがついにきたよ。仕事が軌道にのって、もうひとり助っ人が必要になったんだ。君にここにきてもらって、僕たちを手伝ってほしい。トリポリからシカゴまでのチケットを同封する。料金は支払い済み。道中、君が出会う男たちに、このチケットを見せさえすればいいんだ。まだ君は一六歳になっていないから、ここにくる許可を持っているという証明書を、お母さんから貰いなさい。給料は、ほかの店員に支払っているのと同じ額を君に払う。コスタス、身体には十分気をつけて、急いでこちらにおいで。僕の代わりに、僕たちの大好きなお母さんと妹たちにキスしておくれ。僕は君のふたつの目にキスするよ。

アメリカ合衆国に渡った兄が、ペロポネソス半島の中央に位置する町、トリポリに住む弟へ送った手紙である。この手紙には、故郷に残してきた家族を気遣う思いがあふれている。同時に、仕事がうまくいって、弟を呼び寄せることができる喜びも伝わってくる。

二〇世紀はじめから一九二〇年頃まで、アメリカには大量のギリシャ人が移住した。この移民の波は、それ以前の移民の動きとは規模が違った。一八七三年から九九年のあいだに、アメリカへ渡ったギリシャ人は、総計一万五〇〇〇人である。それが、一九〇〇年から一九一七年までの一八年間には、推計で四五万人から六〇万人にのぼった。ここに言う「ギリシャ人」には、ギリシャ王国からのギリシャ人だけでなく、オスマン帝国や近隣バルカン諸国のギリシャ人も含まれている。大雑把に見積もって、約半数がギリシャ王国からの移民である。ギリシャ王国に住む一五歳から四五歳の男性の、四人に一人が移民したとされるほどの、大規模なギリシャ人の移動だった。

アメリカは金に満ちている

アメリカへの移民は増加の一途をたどっていた。二〇世紀はじめには、年平均の移民数が一〇〇万人を突破した。アメリカに移民を送りだす地域にも、変化が見られた。北西ヨーロッパから、南、東、そして中央ヨーロッパへと移り変わったのである。北西ヨーロッパ諸国では、人口増加率が低下し、産業の発展によって、人々は国内で職を得ることができるようになった。これに代わって、南、東、中央ヨーロッパ諸国の出身者が、アメリカ移民の主流となった。彼らは、新移民と呼ばれた。彼らは、アメリカが世界最大の工業国として君臨しつつあった時代の、貴重な労働力となった。ギリシャ人も、この新移民を構成する民族集団のひとつだった。

移民としてアメリカに渡ったギリシャ人の目的は、もちろんお金を稼ぐことである。ギリシャ国内での経済的困窮こそが、彼らに大西洋を渡る決意を促した。移民の大多数を占めたのが、ペロポネソス半島出身の農民である。彼らの多くは、当時ギリシャの主要な輸出品であった干し葡萄の生産にたずさわっていた。一九世紀後半から末年にいたるまで、ギリシャの干し葡萄生産額は飛躍的に増大した。伝統的な輸出先のイギリスで大幅に需要が拡大したこと、病害によって葡萄に壊滅的被害を受けたフランスが、補完品としてギリシャの干し葡萄を輸入しはじめたことなどが、その要因であった。しかし、フランスで葡萄生産が徐々に回復すると、フランス政府は保護策に転じ、輸入干し葡萄に高率の関税を課した。主要な輸出先を失ったギリシャでは、たちまち生産過剰となり、干し葡萄の価格は暴落した。その結果、取引業者が倒産し、生産者も大きな打撃を被った。干し葡萄輸出による収入は、ギリシャの国内産業の命綱だったため、「干し葡萄危機」は、ギリシャ経済全体を麻痺させた。

ギリシャの他の地域に比べ、ペロポネソスの人口密度が高かったことも、移民増加の背景にある。農業は昔ながらの方法でおこなわれ、新しい農業技術の導入は遅れていた。そのような状況で、十分な耕作地が確保できなければ、人々は困窮する。また、ギリシャでは、伝統的に、女性は嫁資《かし》（プリカ）なしで結婚することはできなかった。嫁資の多寡が、結婚相手の「質」を左右した。男子は、通例、姉妹を嫁がせたのちに結婚する。この慣習は、経済状況が悪化したからといって、すぐになくなるわけのものでもなかった。嫁資を稼がなくてはならない家庭の男子の事情も、移民流出のひとつの理由だったのである。

アメリカに向かった人々は、アメリカの豊かさに大きな期待を寄せた。アメリカの街の通りは金《きん》に満ちているという伝説が、ギリシャの町や村に広まっていた。アメリカで待ち受けている労働環境の過酷さは、金の魅力の蔭に見えにくくなっていた。彼らは、アテネの外港ピレウス、もしくはペロポネソス半島北部の港パトラスから船に乗り、地中海沿岸の港に立ち寄りながら、三週間から数ヶ月かけて、「新世界の玄関」――ニューヨークのハドソン川河口に浮かぶエリス島の合衆国移民局施設――に降り立った。

移民が本国ギリシャにもたらしたもの

移民たちは、鉄道建設や炭鉱労働にたずさわったり、工場労働者としての職を得たりした。年少者の多くは靴磨きや食堂の給仕係になった。しかし、ギリシャ系移民は、肉体労働や賃金労働を好まない傾向にあった。彼らが、アメリカ社会で頭角をあらわしたのは、自営業の分野である。彼らはある程度の資金を貯めたのちは、菓子屋、食堂、小売店などで独立した商売を営むようになった。ギリシャ系移民の存在は、ニューヨークやシカゴといった大都市に目立った。とくにシカゴは、多少の誇張はあるものの、アテネとテッサロニキに次いで、三番目にギリシャ人が多い都市と言われるほどであった。当初、ギリシャ系移民は、イタリア系移民同様、アメリカで「パドローネ・システム」と呼ばれる、周旋業者を通すやり方で入国した。すでにアメリカで暮らすギリシャ人の親方（パドローネ）が、ギリシャで移民を募り、アメリカでの仕事を斡旋するというやり方である。このシステムは、移民間の互助システムというより、実際にはギリシャ人がギリシャ人を搾取する仕組みであった。移民の数が増大するにしたがって、パドローネではなく、親類縁者を頼ってアメリカに渡る人々もふえていった。

冒頭の手紙の差出人であるコスタスの兄は、お金が楽々と稼げる夢の国アメリカというパドローネの言葉を信じて、もうひとりの男兄弟とともに移民した。アメリカに到着して間もなく、パドローネから借りた旅費が不当に高額であることを知った。しかも、紹介された仕事は、低賃金長時間労働の靴磨きだった。厳しい労働環境のなか、彼は数年をかけて借金と利子を完済し、自分たちの菓子屋を開業するまでにこぎつけた。数年後、仕事もようやく軌道にのり、ギリシャの家族へも、相当額の送金ができるようになった。そして、末の弟コスタスを呼び寄せることになったのである。

移民によるギリシャへの送金は、ギリシャ経済には大きな救いとなった。一九〇三年から一九一四年のあいだ、年平均で五〇〇万ドルがギリシャに送られた。移民により、農村の人口過剰と失業問題も緩和された。一方で、移民の大半が男性であったことは、国家の軍事力の観点からみれば、ゆゆしき事態だった。また、男性の労働力人口が失われたことで、農村は荒廃し、工業の発展が阻害されることにもなった。これは、国にとっては大きなマイナスであった。

古代ギリシャ人の子孫とは

二〇世紀はじめ、北西ヨーロッパの価値観と慣習を基盤にしたアメリカ社会のなかで、新移民が生きることは容易ではなかった。それは、差別と偏見との闘いでもあった。アメリカは、故国では得られなかった自由とチャンスを、新移民に与えた。一方で、人種的にはアングロ・サクソン系、宗教的にはプロテスタントという、当時のアメリカ国民の主流コミュニティは、新移民を、自分たちと同じ「白人」であるとは見なさなかった。新移民は、「ヨーロッパの滓」であり、アメリカ国民の純粋性を汚す劣等な人々であるとされ、蔑まれた。ギリシャ人も、当然のごとく、差別にさらされた。彼らは、「いまいましい、色の浅黒いギリシャ人」であり、「不誠実で、不潔で、生活水準の低い輩」であった。

ギリシャ系移民は、古代ギリシャ人と比較された。違いの指摘を通して、その劣等性が強調されることもあった。たとえば、あるアメリカ人は、ギリシャ系移民について以下のように論じた。

私たちは、ギリシャの叙事詩の英雄たちを、われわれが目にする現代のギリシャ人のようには、思い描かない。現代のギリシャ人は、背丈が平均より低く、頭が丸い。小さくて黒い、突き刺すような眼差しであたりを見つめている。彼らは彫りの浅い顔つきで、髪の毛は黒く、直毛だ。地理的に位置づけるとしたら、現代のギリシャ人の出自は、古代のアテネではなく、現代のパレルモに近いだろう。現代のギリシャ人の血は、神々がオリンポス山を見捨てた時、姿をくらました古代ギリシャ人の完璧な肉体からではなく、むしろ、山岳部の粗忽なアルバニア人や、粗野な田舎者のスラヴ人から受け継がれているのだと、判断されるだろう。

この論者によれば、ギリシャ系移民は、身体的特徴からして、古代ギリシャ人とは異なる。

古代ギリシャ人の血は、現代のギリシャ人には一滴も流れていない。古代ギリシャ人の「完璧な肉体」の血を受け継いでいるのは、古代ギリシャ文明を基盤として、自分たちの文化とアイデンティティを築き上げた、アングロ・サクソン系ヨーロッパ人である。論者が考えるアメリカ国民は、そのヨーロッパ人の伝統と文化を継承する者に、限定されねばならなかった。

アングロ・サクソン系アメリカ国民と古代ギリシャ人を結びつけ、現代のギリシャ人と古代ギリシャ人の継続性を否定する言説は、決して珍しいものではなかった。雑誌『ナショナル・ジオグラフィック』(一九一五年一二月号)の記事も、トロイ戦争の原因となった絶世の美女ヘレネー(ヘレン)を今日のアテネで探してみたところ、ギリシャ政府の閣僚と結婚したアメリカ人女性だけが、それにふさわしい美貌——金髪と碧い眼——を備えていたと報告している。

アメリカ人になるために

一方で、ギリシャ系移民を、アメリカが民主主義の理想と仰いだ古代ギリシャの歴史を受け継ぐ者であるとして、他の新移民とは区別して、特別に扱おうとする人々もいた。シカゴの移民・貧困者のための施設ハル・ハウスの創始者であり、ノーベル平和賞受賞者のジェーン・アダムスは、親ギリシャ主義者として知られた。彼女は、ギリシャの偉大な歴史と文化に敬意を払い、ハル・ハウスに集うギリシャ系移民に、手厚い援助の手を差し伸べた。ギリシャ人たちは、ハル・ハウスを、自分たちの「精神的・文化的なやすらぎの場」であり、「もうひとつの我が家」と見なした。

一九一一年、ハル・ハウスを訪問したセオドア・ローズヴェルト元大統領は、ギリシャ系移民の青年たちに出会い、こう語った。アメリカに移民した者は、旧世界への忠誠心を捨て、アメリカでの新しい生活に慣れることを期待されている。だが、ギリシャ人は例外である。ギリシャ人には、自分たちの輝かしい歴史があるのだから——。といった趣旨であった。

ギリシャ系移民は、善かれ悪しかれ、古代ギリシャを基準に評価された。「正統な」アメリカ国民が、古代ギリシャの文化と伝統を、自分たちのものであると主張する限りにおいて、ギリシャ系移民が、真のアメリカ国民として受け入れられる方法は、ただひとつしかなかった。つまり、自分たちと古代ギリシャ人とのあいだに、直接的なつながりがあることを、証明できるかどうかにかかっていた。自分たちが古代ギリシャ人に匹敵する美徳と素質を持っていることを、アメリカ社会に示せるなら、「ヨーロッパの滓」と十把一絡げにされる、新移民のカテゴリーから脱することができるだろうと考えられた。皮肉なことに、ギリシャ系移民にとっては、「古代性」を手にすることこそが、若くて新しい国アメリカで、アメリカ人として尊敬される近道だった。こうして、「アメリカのヘレネス」（「ヘレネス」は古代ギリシャ人の自称）を志向するイデオロギーが、一九二二年創設のアメリカ・ギリシャ人教育向上協会ＡＨＥＰＡの活動を通して、具体的に展開されることになった。

二〇世紀はじめのギリシャ系移民で、日本でも広く知られているのは、『エデンの東』で知られる、映画監督エリア・カザン（ギリシャ名エリアス・カザンドゾグル）（一九〇九－二〇〇三）だろう。彼は、オスマン帝国時代のイスタンブルで生まれた。バルカン戦争（一九一二－一三年）を機に、一家はニューヨークに移民した。エリアが四歳のときだった。また、オペラ歌手マリア・カラス（一九二三－七七）は、ニューヨークで、ギリシャ系移民の両親の間に生まれた。一九三七年、両親の離婚にともない、母とともにアメリカを去り、ギリシャに住んだ。彼女は、ギリシア国立音楽院で本格的に声楽を学びはじめ、のちに世界を魅了するソプラノ歌手となった。なお、カラスの愛人であり、ケネディ大統領夫人ジャクリーンの二度目の夫となった、海運王アリストテレス・オナシス（一九〇六－七五年）は、オスマン帝国領スミルナ出身のギリシャ人である。一九二二年、スミルナ炎上の折オナシス一家は難民としてギリシャに入国した。翌二三年、アリストテレスは、アルゼンチンに移住し、そこで事業をはじめ、巨万の富を築いたのである。

今日のギリシャ系アメリカ人は、二〇世紀はじめの移民のような「古代の重荷」を背負う必要はない。アメリカ合衆国国勢調査局の報告（二〇〇八年）によると、ギリシャ系アメリカ人であると申告している者は、一三八万八八人にのぼる。アメリカ国務省は、その二倍以上にあたる約三〇〇万人のギリシャ系人口が、アメリカに居住していると推定している。その多くは、ニューヨークやシカゴといった大都市に住んでいる。ニューヨークでは、毎年、ギリシャ独立記念日の三月二五日前後の日曜日に、マンハッタンの五番街を、ギリシャの民族衣装を身につけたり、独立戦争の英雄に扮したりしたギリシャ系アメリカ人が、山車《だし》とともにパレードする。

ギリシャ系アメリカ人にとって、ギリシャの血を受け継いでいることは誇りである。ただし、彼らの誇りは、古代ギリシャとの関係にのみ由来するわけではない。ギリシャ料理から、アメリカでのギリシャ語教育、そして正教の信仰までをふくめた、より広いギリシャ文化と伝統が、今日、ギリシャ系アメリカ人としてのアイデンティティを支えているのである。

3　キプロス――分断された島

地中海の北東に浮かぶキプロス島は、ギリシャ神話の愛と美の女神アフロディテが誕生した地として知られている。その面積は、日本の四国の約半分の大きさにあたる、九二五一平方キロメートル。地中海では、シチリア島、サルデーニャ島に次いで三番目に大きな島である。この島は、トルコの南七五キロ、シリアの西一〇五キロ、エジプトの北三八〇キロ、そしてギリシャ本土から東に八〇〇キロ（ギリシャ領ロードス島から東に三八〇キロ）の位置にある。ヨーロッパ、アジア、アフリカのまさに十字路にあたるキプロス島は、三五〇〇年前のギリシャ人の到来から現代にいたるまで、さまざまな民族や国家――アッシリア人、フェニキア人、エジプト人、ローマ人、アラブ人、ビザンツ帝国、十字軍に参加したリチャード獅子心王、フランス十字軍指揮官リュジニャン、ヴェネツィア人、オスマン帝国、イギリス――によって支配された歴史を持つ。

この島は、一九六〇年、イギリスの直轄植民地の地位を脱して、キプロス共和国として独立した。首都は内陸部の都市ニコシア（ギリシャ語名レフコシア、トルコ語名レフコシャ）である。独立当初の人口は五七万三〇〇〇人で、およそその八割弱がギリシャ系住民、二割弱がトルコ系住民によって占められた。残りは、マロン派教徒とアルメニア人などである。二〇一〇年の国連の統計によると、人口は八七万九〇〇〇人にのぼる。キプロス共和国は、ギリシャ以外で唯一、ギリシャ語を公用語のひとつとする国家である。もうひとつの公用語はトルコ語である。

一九七四年、このキプロス島にトルコ軍が侵攻し、島の北部（三七％にあたる面積）を占領した。それ以来、共和国は分断されたままの状態にある。今日、キプロス共和国政府が実質的に支配しているのは、島の南部三分の二にあたる領域である。残りの北部三分の一は、一九八三年に建国された、北キプロス・トルコ共和国の支配下にある。ただし、北キプロス・トルコ共和国を承認しているのは、現在のところトルコだけである。国際的には、あくまでキプロス共和国政府が島全体を代表している。二〇〇四年五月、キプロス共和国は、分断状態のまま、ヨーロッパ連合（EU）に加盟した。EUは、キプロス共和国の実効支配が北キプロスには及んでいない点を考慮して、北キプロスを除外するかたちで、その法体系を適用している。二〇一二年後半には、キプロスは、EUの政策決定機関である、EU理事会の議長国を務めることになっている。

キプロス分断の背景

キプロスの北部と南部の境界には、通称「グリーン・ライン」と呼ばれる緩衝地帯が設けられ、国連キプロス平和維持軍（UNFICYP）が監視をつづけている。首都ニコシアにもこの「グリーン・ライン」が通っており、かつてのベルリンのように、壁が南と北を隔てている。ニコシアは、現在では世界で唯一分断された首都である。今日、南北往来の自由化が進み、検問所でパスポートを提示すれば、仕事でも、買い物でも、食事をするためにでも、行き来が可能になった。とはいえ、分断状態が完全に解消されたわけではない。

トルコ軍が侵攻する以前、ギリシャ系住民とトルコ系住民のコミュニティは、島全体に混在していた。侵攻後は、トルコ系住民は北部に、ギリシャ系住民は南部に、完全に分かれて暮らす、すみ分け状態が現出した。一九七四年にトルコによって占領された地域には、当時の全ギリシャ系住民の四〇%にあたる約二〇万人が暮らしていたが、軍の侵攻にともない、難民として、共和国政府が支配する南部に逃れた。一〇〇〇人以上もの人々が、侵攻の混乱のさなかに行方不明となった。反対に、南部に住んでいたトルコ系の住民は北に向かった。その数は四万から五万人にのぼった。

トルコ軍侵攻のそもそもの背景は、ギリシャにあった。ギリシャでは、一九六七年以降、軍事独裁政権がつづいていた。七三年、その非人道的で抑圧的な支配に対して国民が反旗を翻してからは、政権はかつての統制力を失いつつあった。軍事政権は、キプロスをギリシャに併合することで、国民のナショナリズム感情を煽り、政権の延命をはかろうとした。その実現のため、七四年七月、ギリシャへの併合に賛同するキプロスのゲリラ組織（ＥＯＫＡ－Ｂ）を扇動し、キプロス共和国大統領マカリオスの殺害とクーデタを企てた。これに対しトルコは、共和国内の少数派であるトルコ系住民の保護を目的に、軍事侵攻したのである。

今日までつづく、キプロスの分断状態は、キプロスのギリシャ系住民とトルコ系住民が、直接的に対立した結果もたらされたものではない。そもそも、キプロスに住む人々の間で、ギリシャ系、あるいはトルコ系という民族アイデンティティの違いが、対立や紛争の原因となったのは、第二次世界大戦後のことにすぎない。ギリシャとトルコ、それぞれのナショナリズムの働きかけ、さらには戦略上キプロスを自国や自陣営の利益のために利用したイギリスやアメリカの思惑が、アフロディテ誕生の逸話を持つこの風光明媚な島とそこにすむ人々を、翻弄しつづけたのである。

正教徒とイスラーム教徒の共存

キプロスは、さまざまな民族や国家に支配された。しかし、住民は、紀元前一四世紀にまでさかのぼるキプロスにおけるギリシャ人の歴史的な足跡と、ビザンツ帝国支配期に成立した正教的ギリシャ文化の伝統のなかにとどまりつづけた。人々は正教を信じ、ギリシャ語を話した。一五七一年、キプロスはオスマン帝国領となり、イスラーム教徒が島に流入して定住するようになった。キリスト教徒に課せられた税の負担を避けようと、イスラーム教徒に改宗する正教徒も多かった。その結果、島には、正教的ギリシャ文化とイスラーム文化が併存する状況が生まれた。しかし、正教徒とイスラーム教徒の人口比がおよそ四対一ということから推測されるように、ギリシャ文化の圧倒的優位は揺るがなかった。

正教とイスラーム教という宗教の違いは、住民が共存する妨げとはならなかった。両者がともに暮らすコミュニティも数多く存在した。正教徒とイスラーム教徒住民は日常的な交流を通じて、互いの宗教と文化に触れ、ときにはそれを共有したりした。正教の聖人の祭りにイスラーム教徒が参加した。市場では、正教徒商人もイスラーム教徒商人も同じように商売をした。正教徒とイスラーム教徒の通婚もみられた。オスマン当局の経済的な搾取に対抗して、両者が協力して暴力行為に訴えることもあった。

正教徒とイスラーム教徒の共存状況は、一九世紀以降、住民のアイデンティティを支えていた宗教意識が、民族意識へと変化することによって、徐々に崩れていった。この変化を促したのは、ギリシャが発信したナショナリズムと、イギリスによる支配だった。

一八三〇年のギリシャ国家の成立は、オスマン帝国領キプロスの正教徒住民の意識に変化をもたらした。ギリシャ・ナショナリズムの影響を受け、島の正教徒は、自分たちが「ギリシャ人」であると自覚するようになった。ギリシャが唱道する「メガリ・イデア」（第二章参照）が、歴史的にギリシャ文化圏にあった領域をその版図としようとするのであれば、キプロスも当然その一部を構成するはずであると見なされた。ギリシャを「ギリシャ民族の中心地」とみなし、「母なるギリシャにキプロスも統合されるべきである」との主張――「エノシス」（ギリシャ語で「統合」の意味）――は、キプロスの正教徒知識人から大衆へと広まっていった。

イギリスの支配も、住民の意識の変化を推し進めた。一八七八年、ロシアの攻撃からオスマン帝国を防衛するという名目で、イギリスはキプロスの施政権を手に入れた。一九二五年、島はイギリスの直轄植民地となった。キプロス支配にあたって、イギリスは正教徒を「ギリシャ人」、イスラーム教徒を「トルコ人」と分類した。民族を基準に差異化を明確にすることで、住民相互の接触や協力を妨げ、社会に適度な緊張と対立関係を生み出そうとした。そうすることで、みずからが調停者としてふるまうことが可能となり、キプロス支配の安定化が図られると考えたのである。

正教徒が「ギリシャ人」意識を高めるなか、キプロスのイスラーム教徒も、これに対抗するかたちで「トルコ人」と自覚するようになっていった。ギリシャ系住民とトルコ系住民が共存するコミュニティの数も徐々に減少していった。一八九一年に三四六を数えた共存の村は、一九三一年には二五二まで減った。ただし、両者の関係は、全体としては良好なままで、当事者として敵対する状況にはなかった。

燃え上がる「エノシス」

ジブラルタル、マルタ島、そしてキプロス島を手中におさめて、地中海における覇権を確実にしたイギリスは、ギリシャの「メガリ・イデア」と、キプロスのギリシャ人の「エノシス」の要求を、自国の利益のために利用した。

第一次世界大戦中、イギリスは、ギリシャが連合国側について参戦することを条件に、キプロスをギリシャへ譲渡することを申し出た。だが、中立を主張していたギリシャ国王コンスタンディノスは、この申し出を断った。ギリシャは、キプロスを併合する最初で最後の機会を逸したのである。一九一七年になって、ギリシャは連合国側で第一次世界大戦に参戦した。戦後のパリ講和会議で、ギリシャはキプロスの譲渡を要求した。しかし、イギリスには、もはやそれを受け入れる意志はなかった。

第二章で見たように、一九二二年の小アジアでのギリシャの敗北は、トルコ国家の誕生をもたらし、「メガリ・イデア」の夢は幻と消えた。その夢の残影が、イギリス支配下のキプロスでは生きつづけていた。一九三一年、キプロスでは「エノシス」をめざす大規模な蜂起が発生し、イギリス総督官邸を焼き討ちにした。イギリスは、強い態度で臨んだ。ギリシャ国旗の掲揚を禁止し、キティオンとキレニアの聖職者を含む、ギリシャ人コミュニティの指導者一〇人を終身流刑に処し、二〇〇〇人にのぼるギリシャ人を拘禁した。蜂起による損害に対しては、高額の賠償金を課した。このような措置を通して、イギリスは、「エノシス」を求めを標榜し体制に揺さぶりをかける政治運動の鎮静化をめざした。だが、「エノシス」を求める動きは激化する一方だった。

第二次世界大戦がはじまると、イギリスは一転して、キプロスのギリシャ人の愛国心を煽り、戦争への協力を求めた。ギリシャ国旗の掲揚禁止をとりやめ、ギリシャ国旗の青と白を基調とした兵士募集のポスターを貼りだし、枢軸国に占領されたギリシャのために戦うよう呼びかけた。戦後の「エノシス」実現に期待して、キプロスのギリシャ人青年の多くがこれに応じ、イギリス軍キプロス連隊を形成した。一方、亡命ギリシャ政府は、キプロスに拠点を設けられないかどうか、同盟国イギリスに打診した。キプロスが、ギリシャ文化圏のなかで、枢軸国の支配を受けない唯一の地だったからである。ギリシャ政府の狙いを嗅ぎとったイギリスは、これを認めなかった。亡命ギリシャ政府は、イギリスの指示により、カイロに拠点を置いた。

戦後、キプロスのギリシャ人のイギリス軍への貢献は、報われずにおわった。「エノシス」への期待は、一九五〇年代に政治運動として最大の山場を迎えることになった。一九五〇年一〇月のマカリオス三世のキプロス正教会大主教就任は、「エノシス」の実現に向けてキプロスが大きく前進するきっかけとなった。彼は、正教会の黒衣に身を包み、世界各国を精力的に訪問して、「エノシス」への賛同を訴えた。国際世論によって、キプロスが、平和裡にギリシャに統合されることをもくろんだのである。

ギリシャは、マカリオスが主導した「エノシス」の要求を、即座に支持したわけではない。ギリシャは、キプロス問題を持ち出すことで、友好国のイギリス、そしてアメリカとの関係が悪化することを恐れていたからである。だが、「エノシス」を支持する国内世論は高まりをみせた。イギリスは、「キプロス問題は存在しない」という姿勢を堅持し、「エノシス」の要求を断固として拒否した。業を煮やしたギリシャ政府は、キプロス問題を国連の場に提議した。しかし、イギリスに譲歩する気配はなかった。もはや話し合いによる解決は見込めないとみられた。

事態は必然的に武力闘争へと向かった。一九五五年四月、「エノシス」の絶対実現をめざすゲオルギオス・グリヴァス率いるゲリラ組織キプロス闘士民族機構ＥＯＫＡが本格的な活動を開始した。多くのギリシャ系住民が、イギリス植民地当局の職を辞した。その結果、当局は、トルコ系住民に依存する度合いが増した。この段階にいたると、トルコ系住民は、島が将来ギリシャに併合される可能性に、本格的に危機感を募らせていった。ギリシャ系住民とトルコ系住民の間にかつてない緊張が生まれた。「エノシス」を主張するギリシャ系住民への反感から、トルコでは、イスタンブルのギリシャ人コミュニティに対する暴力事件が発生した。トルコ政府もまた、国内のナショナリズムの高まりを背景に、介入の姿勢を明確にした。トルコ系住民は、トルコの後押しを受け、キプロスをギリシャとトルコの二国間で分割すること（「タクスィム」）を主張した。EOKAに対抗して、トルコ系住民からなる武装組織が結成された。一九五八年、ついに両者の対立は直接衝突に発展し、流血の惨事を招いた。

独立と分断

ギリシャ系住民とトルコ系住民の武力衝突の激化は、両者の「母国」であるギリシャとトルコに一触即発の危機的状況をもたらした。北大西洋条約機構（NATO）加盟国――ギリシャとトルコ――どうしの戦争の可能性は、国際政治にも影響を与えずにはおかなかった。NATO加盟国内の揉め事が露見することは、東地中海、および中東に影響力を拡大しつつあったソ連につけいる隙を与えるという、アメリカを筆頭とする冷戦時代の西側陣営の危機意識が、キプロスの将来のあり方に、大きな圧力を与えることになった。

NATO加盟国間の対立回避が至上命令とされるなか、キプロスは、「エノシス」でも「タクスィム」でもない道を歩むことになった。一九六〇年、キプロスは共和国として独立した。マカリオスが初代大統領、トルコ系住民のクチュク博士が副大統領に就任した。独立国の形成は、キプロス住民の意志によってではなく、ギリシャとトルコが話し合い、イギリスがそれに承認を与える形で決められた。これら三国は保証国の地位を確保し、その後のキプロスに関する問題にも関与する権利を得た。ギリシャとトルコは自国軍をキプロスに駐留することが認められ、イギリスは自国が主権を有する軍事基地を確保した。

ある歴史家が「気のすすまない共和国」と形容したように、この独立国は妥協の産物でしかなかった。この国家の中で、キプロス住民が、「キプロス国民」として平和的に共存する可能性には、はじめから疑問符が付された。ギリシャ系住民とトルコ系住民の存在が前提として明記された共和国憲法に象徴されるように、行政、教育、社会のあらゆる場面で、民族の違いが意識される状況がつづいていたのである。

マカリオス大統領（1913-77）

「エノシス」の可能性を断たれたギリシャ系住民にとって、独立は失望以外の何物でもなかった。しかも、新たに生まれた国家が、島の人口の八割を占める自分たちよりも、二割に満たない人口を占めるトルコ系住民により多く配慮した体制となったことは、ギリシャ系住民にとって大きな不満の種となった。たとえば、内閣、議会、公務員職の比率では、ギリシャ系七割、トルコ系三割、治安部隊の比率は、ギリシャ系六割、トルコ系四割と決められていた。ギリシャ系住民は、トルコ系住民に過度に権力が与えられていると感じていた。トルコ系住民が、ギリシャ系住民は「エノシス」を完全に放棄してはいないと疑いつづけた一方で、ギリシャ系住民も、トルコはキプロスの分割をもくろんでいるとの疑心暗鬼に駆られていた。ギリシャ系、トルコ系住民双方は、相手を同じ国民として信頼することはできなかったのである。

マカリオス大統領の狙い

ギリシャ系住民とトルコ系住民の衝突は、一九六三年一一月、マカリオス大統領が一三項目の憲法の修正提案をおこなったことをきっかけに勃発した。提案は、ギリシャ系住民が多数派である現実を反映して、公務員や治安部隊におけるギリシャ系の比率に配慮することや、議会の円滑な進行のため、ギリシャ系大統領とトルコ系副大統領の拒否権を廃止するといった内容を含んでいた。これを「エノシス」の足がかりと見なした、トルコとトルコ系住民は反発した。六三年のクリスマスに、ギリシャ系とトルコ系コミュニティ間で武力衝突が発生し、翌六四年トルコ空軍によるキプロス北西部の空爆で、対立は頂点に達した。国連の調停により停戦にいたり、六四年三月、UNFICYPによる監視がはじまった。この過程で、トルコ系住民は、ギリシャ系住民の出入りを禁じた飛び地に集住するようになった。一九六四年の段階で、ギリシャ系とトルコ系住民が共存する村の数は四八にまで減少していた。

キプロスの不穏な状況は、ギリシャとトルコの対立に直結し、NATOのアキレス腱となる可能性をはらんでいた。東地中海と中東におけるソ連の脅威を常に意識していたアメリカは、キプロスの独立を帳消しにして、ギリシャとトルコによって分割する――双方の国家に統合されるという意味で「ダブル・エノシス」という表現も用いられた――こと以外に、キプロス問題を早期解決に導く手立てはないと見なした。アメリカは、この考えを、六四年七月「アチソン・プラン」として提案した。大統領マカリオスは、これを拒否した。

マカリオスの目的は、今や「エノシス」の達成ではなく、共和国の独立を維持することにあった。彼は、東西冷戦構造を巧みに利用することで、その目的を達成しようとした。彼は、アメリカの利益に「奉仕する」ための駒にはならなかった。キプロスが、共産主義への最後の砦たるべくNATOの基地として西側諸国に利用されることを、断固として拒否する姿勢を示したのである。一方で、ソ連との友好関係を保ち、第三世界とも連帯する姿勢を見せた。マカリオスは、東西の大国との微妙な力学を操ることで、小国キプロスはようやく独立を保てると考えていた。彼は「地中海のカストロ」として西側から疎まれる存在となった。

一九六七年、ギリシャに樹立された軍事政権は、アメリカの強い影響下に置かれていた。マカリオスは、キプロスをギリシャの意のままにしようとする軍事政権をあからさまに批判し、両者の関係は悪化した。一九七四年七月一五日、斜陽の軍事政権は、事態を一気に打開しようと、キプロスでのマカリオス殺害と「エノシス」実現のためのクーデタを実行した。マカリオスは、自分の命が狙われていることを知らないわけではなかった。しかし、彼はクーデタ勃発の数日前にも、軍事政権に対し以下のように述べて、キプロス共和国の首長としての強い姿勢を示した。

私は、ギリシャ政府によって任命された地方長官ではない。ヘレニズムを構成する偉大なる人々によって選ばれた指導者なのである。母なる国も、私をそういう人物にふさわしい扱いをするよう、私は要求する。

ギリシャによる「エノシス」の阻止とトルコ系住民の保護を目的に、五日後、トルコ軍が侵攻した。アメリカは、ギリシャ軍事政権によるクーデタだけでなく、トルコの軍事侵攻も黙認した。自分たちが手を下さなくとも、マカリオスが姿を消し、トルコが島の北部を占領して、アメリカが望むかたちでの「キプロスの安定」が実現すると見込んだからである。マカリオスは一命をとりとめた。だが、島は今や完全に分断されてしまった。

現在のキプロス

以来、キプロスの再統一をめざす試みは、国連主導で行われてきた。一九七〇年代末には、ギリシャ系、トルコ系両コミュニティの話し合いで、ふたつの地域、ふたつのコミュニティからなる連邦制の原則に基づく再統一への合意が形成された。しかし、一九八三年の北キプロス・トルコ共和国の一方的な独立宣言は、分断の事実が、いっそう固定化の方向に進んでいることを印象づけた。国連の後押しにより、ギリシャ系コミュニティのキプロス共和国は、ひとつの中央政府のもとでの国家の再建をめざした。一方、トルコ系コミュニティの指導者ラウフ・デンクタシュは、ギリシャ系とトルコ系コミュニティそれぞれが、完全に独立した主権を持つふたつの国家となることを強硬に主張した。

キプロス共和国のEU加盟の可能性が、行きづまった状況に風穴を開けた。一九九〇年、共和国はEU加盟を正式に申請した。トルコとトルコ系コミュニティは、猛反発した。トルコは、共和国がEUに加盟した場合、北キプロスを自国に併合すると脅した。その一方で、人口六〇〇〇万人の大国であり、地政学的に重要な領域を占める自分たちの意に反して、EU諸国が小国キプロスを受け入れることはないだろうと、トルコはたかをくっていた。しかし、九〇年代には、かつての冷戦の構造と緊張は消え去っていた。キプロス問題以上に緊張度の高い民族対立や地域紛争が世界中で頻発していた。

そのような状況のなか、一九九〇年代後半以降EUは、キプロスが再統一されるのが望ましいとしながらも、分断状況が加盟を阻害する要因にはならないという姿勢を明確にしていった。キプロス共和国のEU加盟は、二〇〇四年五月と決定された。

キプロス共和国のEU加盟は、国際社会にとって、四半世紀以上にわたる分断の事態と交渉の行きづまりを打開する最大のチャンスであるように思われた。国連は、二〇〇二年、再統一をめざす案――当時の国連総長の名前を付した「アナン・プラン」――を提示した。数度の修正をへて、EU加盟の一ヶ月前にあたる二〇〇四年四月、「アナン・プラン」の賛否を問う住民投票がキプロスで実施された。

北キプロスのトルコ系住民は好意的に受け止めた。「アナン・プラン」に従って島が統一されれば、経済的に立ち遅れている自分たちが、EUの経済的恩恵を、南のギリシャ系住民とともに享受できるということが最大の魅力だった。トルコ政府は、自国のEU加盟の可能性も考慮し、キプロスの再統一の必要性を認める柔軟な姿勢を示すようになった。反対に、これまで再統一に積極的な姿勢を見せていたギリシャ系住民は、「アナン・プラン」に難色を示すようになった。ギリシャ系住民にしてみれば、「アナン・プラン」は、トルコ系にとって「得るものばかり」で、ギリシャ系にとっては「失うものばかり」であるように思われた。ギリシャ系住民の多くは、再帰郷（一九七四年の分断以前の土地に戻ること）と財産補償が十分にかなえられないことに不満を抱いた。国際社会への協調姿勢をみせはじめたトルコ系住民とは対照的に、ギリシャ系住民は自分たちの殻に閉じこもるようになった。島の再統一のいかんにかかわらず、キプロス共和国はEUに加盟できるのだという事実が、再統一への強い意志を失わせた点も否定できない。

キプロスの運命を握っていたのは、常に「よそ者」だった。二〇〇四年四月、ギリシャ系住民とトルコ系住民は、歴史上はじめて、自分たちの島の運命を決定する住民投票に臨んだ。「アナン・プラン」に対して、トルコ系住民の約六五％が賛成票を投じたのに対し、ギリシャ系住民の約七六％が反対票を投じた。「アナン・プラン」は否決され、再統一への道はとざされた。

分断から今や半世紀近くがたとうとしている。南のギリシャ系、北のトルコ系コミュニティでも、島がキプロス共和国というひとつの統一された国家だった時代を知らない世代が、政治や社会の中心で活躍する時代となっている。この半世紀の間、それぞれのコミュニティはそれぞれの歴史を刻み、それぞれのアイデンティティを醸成してきた。両者――特にギリシャ系住民――は、再統一の必要性をどれほど切実に感じているだろうか。何のために再統一が必要なのだろうか。キプロスの再統一へ向けた交渉は、今後も国連を軸としてつづけられるだろう。とはいえ、時間が経過すればするほど、キプロスの分断状況は、事実上、固定化される方向に進んでいるように思われるのである。

終章　現代のギリシャ

1　ヨーロッパ共同体への加盟を目指して

一九八一年、ギリシャは、今日のヨーロッパ連合（EU）の前身である、ヨーロッパ共同体（EC）への加盟を果たした。ギリシャ加盟の承認をめぐっては、古代ギリシャがヨーロッパに与えた政治的、文化的遺産に対する、ヨーロッパからの恩返しであるという議論が、EC諸国のなかにみられた。二〇世紀の終わり近くになってなお、ギリシャは、古代ギリシャの栄光と結びつけて語られたのである。近現代のギリシャの歩みと深く関わり、その現実を目の当たりにしてきたヨーロッパ諸国ですら、このようなギリシャ観を持ちつづけていたとすれば、ギリシャとは関係の薄い日本の私たちが、ギリシャとはすなわち古代ギリシャであると考えるのも無理からぬことである。

ヨーロッパは、古代ギリシャとの間に何よりも強い絆を見出していた。そのため、ギリシャ人たちは、自分たちはヨーロッパの一部ではないと意識することすらあった。実際、多くのギリシャ人は、イギリスやフランスに出かけるとき、「ヨーロッパに行く」という表現を使っていた。

一九七四年七月の軍事政権崩壊後、民主政に復帰したギリシャで政権を担ったカラマンリスは、ギリシャがヨーロッパの一部となることが、国家にとっては新たな「メガリ・イデア」（大いなる理想）になるのだと考えた。ヨーロッパの知的・文化的故郷としてのギリシャという、抽象的で精神的なギリシャ・ヨーロッパ関係を超えて、ギリシャがヨーロッパという政治的・経済的な枠組みにしっかり組み入れられることが、国家の将来の発展を保障すると見なしたのである。第二次世界大戦以降の、アメリカへの依存体質と決別することも必要だと思われた。カラマンリスの提示した、新たな「メガリ・イデア」とは、具体的に言えば、ギリシャがＥＣの公式加盟国になることだった。

首相カラマンリスの奮闘

ＥＣへの公式加盟を目指して、カラマンリス政権が取り組んだのは、経済の安定だった。軍事政権崩壊後のインフレ率は、二六・四％に達していた。国際収支の赤字は増加の一途で、国内の経済活動は停滞していた。カラマンリスは、穏やかな景気浮揚策をとった。政府は、民主政回復への移行期に社会不安が起こることを懸念して、まずは、即座の解決が期待できる問題に取り組んだ。具体的には、最低賃金の改定、公務員基本給の増額、設備投資や輸出に関する資金調達規制の廃止、公共投資プログラムの見直しなどが実施された。

この時期のカラマンリス政権による経済への積極的な関与を、国家統制主義的資本主義と特徴づける研究者もいる。自由市場システムを発展させると同時に、経済政策の決定に国家が主導的な役割を果たしたというのである。物価や給与水準、そして労働法にいたるまで、経済に関連するあらゆる領域で、国家が最も強い発言権を持った。

一九七五年六月、ギリシャはECの公式加盟国となるための申請をおこなった。EC諸国は、ギリシャ経済が十分に発展していないことを理由に、当初、一〇年の準備期間が必要であると見なした。カラマンリスは、即座に強く抗議した。当時ギリシャは、一人当たりの国民所得では、EC加盟国のなかで最も経済的に遅れたアイルランドを追いぬいていた。EC加盟国の在アテネ大使に対し、カラマンリスは、ECの判断は「道義的にも政治的にも受け入れることができない」と訴えた。大使たちの仲介もあり、一九七六年七月、加盟のための公式交渉が開始された。

カラマンリスが、EC加盟を急いだのには理由があった。アンドレアス・パパンドレウが率いる政党、全ギリシャ社会主義運動PASOKが、急速に勢力を拡大し、カラマンリスの新民主主義党ND政権を脅かすようになっていたのである。PASOKは、大国に支配され続けたギリシャの過去と決別し、「ギリシャ人のためのギリシャ」をつくりあげようと主張し、支持を拡大していた。PASOKは、ECへの加盟に反対していた。パパンドレウは、ギリシャのEC加盟について、一九七七年の総選挙前の演説で、こう述べた。「ギリシャは、資本主義体制の衛星国としてますます周辺的な役割を担わされることになるだろう。国民中心の計画は不可能になるだろう。ギリシャの産業は深刻な状況に追い込まれるだろう。ギリシャに農民はいなくなってしまうだろう」。パパンドレウは、ECへの加盟によって、ギリシャは再び大国に従属し、自己決定能力を奪われてしまうと繰り返し説いた。この主張は、ギリシャ人のナショナリズムをおおいに掻き立てた。

総選挙ではNDが勝利した。しかし、PASOKは得票数を倍増させて、大躍進を果たした。次回の総選挙でPASOKが勝利することは、ほぼ確実に思われた。そうなれば、カラマンリスの目指す新たな「メガリ・イデア」も未完に終わるだろう。EC諸国との共存共栄により、国を発展させようとする彼のヴィジョンは、打ち砕かれてしまうだろう。PASOKの主張するギリシャ中心主義は、ギリシャを孤立させ、困難に陥れることになるだろう。カラマンリスの「メガリ・イデア」実現のためのカウント・ダウンがはじまった。

一九七八年、カラマンリスは精力的にEC諸国を訪問し、加盟交渉を加速させた。同年一二月二一日早朝、一七時間に及んだ最後の調整ののち、ECはギリシャを正式加盟国として受け入れることを宣言した。七九年五月二八日、アテネで加盟条約が調印された。つづく六月二九日、加盟に反対するPASOKと共産党議員が議場を去った議会で、加盟条約が批准された。一九八一年一月一日、ギリシャはECの一〇番目の正式加盟国となった。

カラマンリスは、ECへの加盟が実現しつつあるなか、首相を辞して、大統領選に立候補した。PASOKが次に政権を掌握しても、自分が大統領であれば、EC加盟国としてのギリシャの地位を守ることができると考えたのである。彼は、それが希望的観測に過ぎないことを知っていた。それでも、自分がつくりあげた理想の国の姿――ヨーロッパのなかのギリシャ――を守りたかった。一九八〇年五月一五日、カラマンリスは大統領に就任した。一九八一年一〇月一八日、総選挙でPASOKが大勝利を収めた。ギリシャがECに加盟して、一〇ヶ月後のことだった。

2　パパンドレウの経済政策

PASOKの党首パパンドレウは、カラマンリスとは対照的な人物だった。カラマンリスは、まだオスマン帝国領だったマケドニアで、煙草栽培農家の息子として生まれた。ギリシャの政治家には珍しく、一九三五年に彼自身が保守派の議員として政界入りするまで、政治に関わりを持った人物は、彼の家系にはいなかった。彼は、ギリシャ人が行き過ぎた行為に走ったり、物事を誇張したりする性向を、しばしば諫《いさ》めた。支持者たちは、カラマンリスを、民主政復帰後のギリシャ再建に取り組んだ、厳格で仕事熱心な父親のような存在と見なしていた。

一方のパパンドレウは、首相経験のあるゲオルギオス・パパンドレウを父とする、中産階級の政治家一族のなかで育った。ハーヴァード大学大学院で経済学の博士号を取得したのち、カリフォルニア大学バークレー校などで教鞭をとった経歴を持つ。彼の人懐こい性格は、一般のギリシャ人と彼の距離感を縮めた。一般の人たちは、親しみをこめて「アンドレア（アンドレアスの呼格）」とファースト・ネームで彼を呼んだ。アンドレアスの派手で、類まれな雄弁は、人々を引き付けた。彼の率いたPASOKのスローガン「変革」（ギリシャ語で「アラギ」）は、新しい政治を期待していたギリシャ人の共感を呼んだ。PASOKの支持は、それまでのギリシャの政党では見られなかった、草の根レヴェルから拡大する様相を示した。

PASOKの「変革」は、おもにふたつの要素から成り立っていた。ひとつは、先に述べた「ギリシャ人のためのギリシャ」を目指すこと。もうひとつは、社会主義政党を標榜する政党らしい「特権なき人々のための政治を実現する運動」だった。「ギリシャ人のためのギリシャ」がギリシャ人のナショナリズムを高揚させたように、「特権なき人々」と言う表現は、ギリシャ人の平等心をくすぐった。ギリシャ人の多くは、自分たちを特権的な立場にあるとは考えていなかった。したがって、誰もが、平等に党に参加することができた。PASOKは、保守派の政治と「エリート」に反感を持つすべての社会集団から支持を得た。問題だったのは、PASOKを支持した人々が、具体的な要求を持たず、自分たちにもそれが何なのかわからなかったことだった。PASOKは、「変革」という曖昧な期待を抱かせるスローガンのもと、現状に漠然とした不満を抱く大衆を結集する、民衆迎合的な手法を発達させた。これが、その後のギリシャに大きな影を投げかけることになった。

「変革」の功罪

当初の戦闘的な姿勢とは裏腹に、PASOKの「変革」は、外交分野では、それほど急進的なものではなかった。PASOKが政権を掌握した直後、パパンドレウは、ギリシャのEC加盟の是非をめぐる、国民投票をおこなうとの見解を発表した。しかし、これは実現しなかった。加盟したばかりのギリシャがECを脱退する事態は回避された。かつてECを「邪悪な統一体」とまで呼んだPASOK政権のもと、ギリシャはECの加盟国として、徐々にその組織に統合されていった。野党時代のPASOKは、反アメリカ的な姿勢をとり、NATO脱退の可能性も示唆していた。しかし、政権掌握後は、北アフリカや中東の反アメリカ中立国との関係を保ちながら、米軍基地存続を容認するなど、結局はNATOの安全保障の枠組みのなかにギリシャをとどめた。

ＰＡＳＯＫが「変革」をもたらしたとすれば、それは内政の領域だった。「特権なき人々」の「平等」を意識した法律が次々と施行されたのである。その「変革」は、正と負の効果をあわせ持っていた。

女性の法的地位向上に関連した一連の立法は、ＰＡＳＯＫの政策のなかで肯定的に評価できるものである。ギリシャ人女性は、社会のなかの一個人としてではなく、家族という単位のなかで、法律的には夫の支配下におかれていた。ＰＡＳＯＫは、婚姻関係だけでなく、労働環境などにおいても、女性に対し自立した一個人としての諸権利を付与したのである。正教の儀式によらない、民事婚が合法化された。女性が結婚する場合に必須とされた嫁資の制度が廃止された。離婚の手続きも簡素化された。姦通罪《かんつうざい》もなくなった。

第二次世界大戦と内戦の凄惨な記憶との「和解」も、積極的に評価できる政策である。パパンドレウは、第二次世界大戦でのＥＡＭ／ＥＬＡＳの抵抗運動が果たした役割を、国家として初めて公式に認めた。そして、内戦後に共産主義諸国に亡命した人々が帰国する権利を承認した。内戦期の民主軍に対する政府軍の勝利を記念する公式行事はすべて廃止された。

「特権なき」人々のための政策は、経済の領域で、最も顕著にあらわれた。その民衆迎合的な政策は、将来のギリシャに負の遺産を残す結果をもたらした。一九八〇年当時は、景気後退の影響により、インフレ率が二〇%を超えるなか、賃金スライド制や金融緩和策をとって、国民に気前よく再配分することを、パパンドレウは躊躇しなかった。個人消費支出の刺激、国営企業支援、そして手厚い健康保険・年金制度のために、ふんだんに資金が供給された。ECからの農業生産向上とインフラ整備のための補助金で、農民は潤った。しかし、それらの資金は本来の目的とは異なって、農民の消費や不動産投資に消えていった。資金援助後に倒産した企業を、PASOKによってつくられた国営の産業再生機構が引き受け、経営が続けられた。

増大する国の借金

パパンドレウ政権は、これらの政策を実行に移すための財源を、ECからの資金だけでなく、四方八方から借金することで賄っていた。PASOKの言う「特権なき人々」のための社会主義的政策とは、豊かな者の富を、貧しい者に配分するのではなく、すべてを借金によって賄おうとするものであった。一九八〇年に八・一%だった公共部門借入需要(PSBR)が、一九八五年には、一七%にまで上昇した。一九八九年には、ギリシャの国内総生産(GDP)の四・五%が、ECからの資金によるものだった。

非効率な公務員・官僚制度を改革することも、PASOKの掲げた政策のひとつだった。

能力主義にもとづいた、平等に選抜された人材による、能率的で専門的な職場とすることが目指されなければならなかった。しかし、実際は、公務員職と国営企業こそが、PASOKと選挙民の間に「パトロン・クライアント関係」を生じさせる最大の温床となった。PASOKが政権を掌握する以前にも、政治家が、選挙民にたいし、投票する見返りとして、公的機関や国営企業の職を与えるといった行為はみられた。しかし、それはあくまで政治家個人と選挙民との関係だった。PASOKは、それを政党レヴェルでおこなうようになったのである。公務員職や国営企業は、党に忠実な人々で満たされた。この共犯関係は、結果的には党と国そのものの首を絞めることになった。党は、次の選挙にむけて、選挙民の飽くことをしらない要求――賃上げ、労働時間短縮、福利厚生の充実など――を受け入れ続けなければならなかったからである。さらには、赤字国営企業の民営化といった産業構造改革への取り組みを遅らせ、ギリシャ経済の市場での競争力強化を怠ったのである。

悪化する財政に対して、一九八五年一〇月から約二年間にわたり、PASOKは国民経済相コスタス・シミティスの陣頭指揮のもと、通貨ドラクマの一五%切り下げ、借入縮小、金融引き締めを実施した。その結果、賃金は著しく低下したものの、営業収益性は過去数年来初めて上昇した。GDPに占めるPSBRの割合は、八五年の一八%から八七年には一三%に、経常赤字も八%から二%に減少した。インフレ率も二〇%から一六%に低下した。しかし、PASOKの政策転換への人々の不満を察知したパパンドレウは、シミティスを罷免した。PASOKは再び、借金をして濫費《らんぴ》する政策へと回帰したのである。

一九八〇年代末には、ギリシャはGDPで、EC加盟国のアイルランドとポルトガルを下回った。EC委員会や国際通貨基金（IMF）、経済協力開発機構（OECD）はギリシャに警告を発した。そのどれもが、ギリシャ経済は、低投資、成長不振、国庫補助金への依存、赤字財政、高インフレ、そして金融逼迫の悪循環から逃れられないでいると指摘していた。

一九九〇年から三年間は、NDが政権を担当した。だが、「特権なき人々」の政治と称して、国民に迎合したPASOK政権の負の遺産は容易には消え去らなかった。NDの政策が、独自色を出せなかったことにも問題があった。実際、PASOKとNDの政策に大きな違いはなかった。そのような状況において、人々にとって重要だったのは、どちらの政党が、自分たちをより「甘やかして」くれるかということだった。どちらの政党が、自分たちによりよい職場を、よりよい給与を、よりよい年金を与えてくれるか、税の徴収に厳格でないか、ということが大きな関心事となった。NDもPASOKの民衆迎合主義の前例に追従した。九三年、EUが成立する直前には、再びPASOKが政権をとった。選挙が終わり、政権が変わるたびに、公共部門の規模が拡大していった。

一九九六年、パパンドレウが死去した。国を借金漬けにし、晩年は女性スキャンダルで世間を騒がせたにもかかわらず、国民は、大きな悲しみをもって彼の死を迎えた。葬儀当日の模様はテレビ中継された。アンドレアスのカリスマ性は健在で、最後まで派手な人生だった。その二年後の九八年、カラマンリスは、静かに息をひきとった。

経済危機

かつて、パパンドレウに罷免されたシミティスが次に首相となった。ひとつひとつの問題に対して具体的な解決策を見出すという姿勢から、彼は「会計士」とあだ名されていた。彼は、PASOK内で決して人気が高かったわけではない。しかし、深まる財政危機を前に、彼以外に政権を任せられない状況になっていたのである。親EU派を自認するシミティスは、「変革」ではなく、「近代化」をかかげて、党内の反対意見を抑え込みつつ、欧州共通通貨ユーロ導入にむけて、国家財政の立て直しに取り組んだ。一九九三年には、GDPの一三％を占めた財政赤字が、二〇〇〇年には一％まで低下した。この数字を基準に、ギリシャは、他のEU加盟国から二年遅れの二〇〇一年一月、欧州単一通貨ユーロを導入した。この一％という数字が、じつは「粉飾」であることが、のちに明らかとなる。

二〇〇一年春、シミティスは、国の財政を圧迫していた年金制度の改革――減額と受給に必要とされる就労年数の増加――を提案した。四月二六日、アテネだけでなく多くの都市で、改革に反対するストライキがおこった。一九七四年の軍事政権崩壊以後、もっとも大規模なストライキだった。国民の反発の前に、シミティスの改革は挫折した。ユーロ圏に加盟したことで満足したのか、シミティスの改革への意志は消散してしまったかのようだった。〇四年、シミティスはPASOK党首の座を辞した。アンドレアスの息子ヨルゴス・パパンドレウがそれを引き継いだ。

二〇〇四年三月の選挙では、NDが政権を奪回した。一九九七年からNDの党首をつとめていたカラマンリスの甥コスタス・アレクサンドロス・カラマンリスが首相の座に就いた。同年八月、アテネでオリンピックが開催された。一八九六年にアテネで第一回近代オリンピックがおこなわれてから、一〇八年の歳月が流れていた。

二〇〇九年一〇月、PASOKが政権を奪回した。その直後、首相パパンドレウは、前政権NDがウソをついていたことを公けにした。二〇〇九年の財政赤字の見通しをGDPの三・七%としていたのが、実際は、一二・七%と見積もられることが明らかとなった。政府債務残高は、二〇一〇年には、対GDP比の一二一%にまで膨らむことになると発表された。

このギリシャの財政危機の表面化が、ユーロ圏に経済危機をもたらしただけでなく、日本を含めた世界の経済の動向に大きな影を落としたのである。

おわりに

コロンビア大学の歴史学教授マーク・マゾワー氏は、「ギリシャ人対ドイツ人」("Greeks vs Germans"／二〇一一年一二月六日）というタイトルのエッセイで、ギリシャを震源とするユーロ圏の債務危機が、ヨーロッパにおけるドイツ支配という、過去の亡霊を呼びさましたと指摘し、次のように論じている。

ドイツのメディアは、「放縦《ほうしょう》な」ギリシャ人が金に不足しているなら、エーゲ海の島々や古代遺跡を売ればいいだろうと皮肉った。これは、ギリシャ人の「フィロティモ」（自尊心）を大いに傷つけた。国の名誉が踏みにじられただけではない。金がない、財政が破綻しかねないという事態が、国家主権の問題に結びつくことに、ギリシャ人はやるせない思いを抱いている。現在の債務危機の根底には、過去三〇年続いた低金利に、ヨーロッパが中毒症状を示していたということがある。ドイツは、ギリシャに耐乏を強いるのではなく、ヨーロッパの連帯を後ろ盾とした、成長戦略を促すべきである。ユーロ圏の経済危機は、民主主義の危機をも生み出した。現在、ギリシャやイタリアで政権を担っているのは、選挙で選ばれた政治家ではない。市場の要請により、ＥＵの官僚にとって都合のよい人物が首相を務めているのである――。

マゾワー氏は、ヨーロッパ近現代史の専門家として広く知られるが、研究者としての原点は近現代ギリシャ史研究である。本書執筆の際も、その業績のいくつかを参照させていただいた。現代ギリシャ語に堪能で、ギリシャの歴史を熟知し、ギリシャ人の国民性もよく理解している。マゾワー氏は、現今のヨーロッパの混乱をめぐって、ギリシャに全く責任がないと考えているわけではないが、右のような主張は、ひとつの見方を示すものとして傾聴に値する。

私がギリシャを初めて訪れたのは、一九八九年の夏のことである。ギリシャ第二の都市テッサロニキに一ヶ月滞在し、現代ギリシャ語を学んだ。そのあと一週間ほどアテネ観光をした。ここはヨーロッパなのだろうか、というのが私の第一印象だった。「豊かなヨーロッパ」というイメージとはほど遠く、人々はつつましく暮らしていた。物価も安かった。ギロス(小麦粉を原料とする円形の薄い生地で、削ぎ切りにした豚肉と、玉葱、トマト、ヨーグルト風サラダなどを包んだ軽食)が、日本円で一〇〇円足らずだったと思う。それだけで満腹になった。通りには、おんぼろの路線バスやトロリーが走っていた。宿泊先のホテルから日本に国際電話をかけるのは高くついたので、私は、しばしばバスに乗って街の中心部までいき、電話局の長い列に並んだ。

それ以来、私はギリシャを頻繁に訪問した。研究のため長期滞在することもあった。いつしか、街の公衆電話からテレフォンカードを使って国際電話がかけられるようになり、おんぼろバスはこぎれいなドイツ製のバスに変わった。二〇〇一年のユーロ導入以降の変化は、それまでの変化をはるかにしのぐものだった。パリやロンドンと同じものが、アテネやテッサロニキでも手にはいるようになった。フランスやイタリアのブランドの装身具を身につけたギリシャ人を、よく目にするようになった。ドイツ製の大型車が珍しくなくなった。物価もどんどん上昇していった。

私の最後の長期滞在は、二〇〇六年から〇八年までである。アテネのちょっと洒落たレストランで食事をすると、ニューヨークより高くついた。ドイツからギリシャの島に旅行するほうが、ギリシャ国内から同じ島に旅するより安価だった。ギリシャ料理も、国内より、ドイツで食べたほうが安いというニュース報道すらあった。アテネに長年住んで会社経営をしている日本人の友人と、この国はおかしくなっている、いつか「潰れる」とよく話したものである。事実、ギリシャの「豊かさ」は、幻想にすぎなかった。国も国民も借金漬けだったのだ。

現在のギリシャが、「破綻国家」として世界に注目されることは、私にとって悲しいことである。私は、小国の歩みの中にこそ歴史への新たな視点が埋もれているに違いないと信じ、もう二〇年以上、近現代のギリシャを学んできた。本書を執筆する際にも、同時代のヨーロッパ史を、ギリシャという小国の側から捉えるよう心がけたつもりである。本書を通じて、ギリシャ近現代史だけでなく、ヨーロッパ、あるいは世界の歴史への新しい視角が得られたなら幸いである。

もっとも、本書で、ギリシャの近現代史が網羅的に記述できたわけではない。全体の構成や紙数の関係から、ギリシャの近現代を理解する上で重要ないくつかの歴史的事象——旧ユーゴスラヴィア・マケドニア共和国の国名と国旗をめぐる問題や、ギリシャ国内のイスラーム教徒をめぐるトルコとの関係など——に言及することができなかった。これらについては、別の機会に論じることができればと考えている。現在のギリシャの財政危機から、どのような新たな視点を引き出すかは、今後の私の課題である。

これまで、日本、アメリカ、ギリシャを移動しながら、近現代ギリシャ史の研究に携わるにあたり、複数の教育・研究機関や多くの人々からお力添えをいただいた。ニューヨーク大学大学院が、学費免除・給費支給というかたちでチャンスを与えてくれなかったら、私は、人々にあまり関心を払われることのない近現代ギリシャ史研究を、今日まで続けることはできなかったに違いない。また、プリンストンに本部を持つアテネ・アメリカ古典学研究所と、アレクサンダー・オナシス財団の奨学金により、ギリシャのアメリカ古典学研究所で二年間研究生活を送ることもできた。

ニューヨーク大学大学院の指導教官キャサリン・フレミング先生と、同大学所属のヤニス・コツォニス先生、そして、冒頭で紹介したマーク・マゾワー先生の三人には特に感謝している。三人には、近現代のギリシャについての広い知見と、歴史を批判的にみる鋭いまなざしに加えて、ギリシャに対する強い愛着があった。その愛着を少しなりとも分かちあえたと感じられたのは、アメリカの大学院での厳しい勉学生活における、大きな収穫である。

東京大学二年生在籍時、ギリシャ近代史を専攻するつもりだと話した私に、ロシア・東欧研究が専門の故・森安達也先生は、ご自分が使用していた希英・英希辞書を私に手渡しながら、未開拓の分野だけれどもがんばりなさいと、強く勇気づけてくださった。バルカン近現代史が専門の明治大学教授佐原徹哉氏には、つねにギリシャ近現代史への関心を共有していただいた。東京大学名誉教授桜井万里子先生、法政大学教授中村純先生、名古屋大学教授周藤芳幸先生は、古代ギリシャ史を専門としながらも、近現代のギリシャにも興味と関心をお持ちで、つねに私の研究を励ましつづけてくれている。また、東京大学大学院在籍時は、バルカン地域研究が専門の柴宜弘先生にご指導いただいた。さらに、東京大学教授菅原克也先生には、比較文学比較文化という専門を異にする立場から、本書の草稿に目を通していただき、数々の貴重なご助言をいただいた上、本書三五、六頁のバイロンの詩も訳していただいた。この場を借りて、お礼申し上げたい。

中央公論新社の吉田大作氏、高橋真理子氏、藤吉亮平氏には、草稿の段階でいくつか具体的な助言をいただくとともに、二年間にわたり遅筆な私の背中を押していただいた。記して感謝の意を述べたい。

最後に、長年にわたる海外での研究生活を日本から励まし、本書執筆に際しても精神的に支えてくれた夫・澤柳慶一に深く感謝する。

昨年末、イスタンブルを訪れた。ボスポラス海峡をクルーズする観光船の甲板から、アジアとヨーロッパにまたがるこの街を眺めた。夕日に照らされた街の壮麗な姿を目にし、一〇〇年前のギリシャ人が抱いた「メガリ・イデア」の夢を実感できた気がした。

二〇一二年一月　アンゲロプロスの訃報に接した日に

村田奈々子

ギリシャ史年表（一八二一－二〇一〇年）

年	事項
一八二一年	ギリシャ独立戦争開始
一八三〇年	ロンドン議定書でギリシャの独立宣言
一八三四年	ナフプリオンからアテネに遷都
一八六四年	イオニア諸島がイギリスから譲渡
一八八一年	テッサリアとイピロスの一部を併合
一八九六年	アテネで第一回近代オリンピック開催
一八九七年	対オスマン帝国戦争で敗北
一九〇一年	福音書事件
一九一〇年	ヴェニゼロス首相就任
一九一三年	マケドニア、イピロス南部、クレタ島を併合
一九一六年	アテネとテッサロニキの二政府併存により「国家大分裂」の危機
一九一九年	ギリシャ軍がスミルナに上陸開始
一九二二年	小アジア戦争で、ムスタファ・ケマルのトルコ軍に敗北

一九二三年	ギリシャ・トルコ間で強制的住民交換協定締結
一九二五年	キプロス、イギリス直轄植民地化
一九三六年	メタクサス将軍による独裁政権開始
一九四〇年	イタリア軍のギリシャ侵攻を撃退
一九四一年	枢軸国による占領開始
一九四四年	枢軸国の占領からの解放
一九四五年	政府とEAMの間でヴァルキザ協定締結
一九四七年	「トルーマン・ドクトリン」発表、内戦中のギリシャ政府軍にアメリカから大量の経済・軍事援助開始
一九四九年	内戦終了
一九六〇年	キプロス共和国建国
一九六七年	軍事独裁政権開始
一九七四年	トルコがキプロスに軍事侵攻し、キプロス北部を占領 軍事独裁政権が崩壊し、民主政復活
一九八一年	ヨーロッパ共同体（EU）に正式加盟
二〇〇一年	欧州共通通貨（ユーロ）導入
二〇一〇年	債務危機を発端に、ユーロ圏全体への信用不安が拡大

桜井万里子編『ギリシア史』［新版世界各国史 17］山川出版社、2005 年
周藤芳幸・村田奈々子『ギリシアを知る事典』東京堂出版、2000 年

図版一覧

Εκπαιδευτική Ελληνική Εγκυκλοπαίδεια. Αθήνα: Εκδοτική Αθηνών, 1991, τομ. 4-7. 35p,61p,65p,144p,257p
Ιστορία της Ελληνικής Γλώσσας. Αθήνα: Ελληνικό Λογοτεχνικό και Ιστορικό Αρχείο, 1999. 111p
Richard Clogg, *A Concise History of Modern Greece,* 2nd ed. Cambridge; New York: Cambridge University Press, 2002. 105p
Ιστορία του Ελληνικού Έθνους. Αθήνα: Εκδοτική Αθηνών, 2000, τομ. 16. 183p
Cyprus. Nicosia: Press and Information Office, 1996. 218p

Μαυρογορδάτος, Γιώργος Θ. και Χρήστος Χ. Χατζηιωσήφ, επιμ. *Βενιζελισμός και Αστικός Εκσυγχρονισμός.* Ηράκλειο: Πανεπιστημιακές Εκδόσεις Κρήτης, *1988.*
Μεγαλομάτη-Τσουγκαράκη, Ελένη, Θάνος Βερέμης, Γιάννης Κολιόπουλος κλπ. *1821 Η Γέννηση ενός 'Εθνους-Κράτους.* Νέο Φάληρο: Σκαϊ Βιβλίο, 2010, 5 τόμοι.
Πολίτης, Αλέξης. *Ρομαντικά Χρόνια. Ιδεολογίες και Νοοτροπίες στην Ελλάδα του 1830-1880.* Αθήνα: Εταιρεία Μελέτης Νέου Ελληνισμού, 1998.
Ρέπουλης, Εμμανουήλ. *Μελέτη μετά Σχεδίου Νόμου περί Μεταναστεύσεως.* Αθήνα: Υψηλάντς, 1912.
Σακελλαρόπουλος, Τάσος, επιμ. *Ο Κωνσταντίνος Καραμανλής και η Εποχύ του.* Αθήνα: Μουσείο Μπενάκη, 2007.
Σκοπετέα, 'Ελλη. *Το «Πρότυπο Βασίλειο» και η Μεγάλη* Ιδέα: *'Οψεις του Εθνικού Προβλίματος στην Ελλάδα (1830-1880).* Αθήνα: Πολύτυπο, 1988.
Φραγκουδάκη, 'Αννα. *Η Γλώσσα και το 'Εθνος 1880-1980.* Αθήνα: Αλεξάνδρεια, 2001.
Χασιώτης, Ι. Κ. *Επισκόπηση της Ιστορίας της Νεοελληνικής Διασποράς.* Θεσσαλονίκη: Εκδόσεις Βάνιας, 1993.
Χατζηιωσήφ, Χρήστος, επιμ. *Ιστορία της Ελλάδας του 20ού Αιώνα.* Αθήνα: Βιβλιόραμα, 1998, τόμοι Α1, Α2.

〈日本語文献〉

ケヴィン・アンドリュース（松永太郎・訳）『イカロスの飛行――内戦のギリシアを旅する』みすず書房、2000年
C. M. ウッドハウス（西村六郎・訳）『近代ギリシァ史』みすず書房、1997年
ニコス・カザンザキス（秋山健・訳）『その男ゾルバ』恒文社、1967年
ニコス・カザンツァキ（井上登・訳）『兄弟殺し――自由になりたい、と彼はいう。彼を殺してしまえ！』読売新聞社、1978年
リチャード・クロッグ（高久暁・訳）『ギリシャ近現代史』新評論、1998年
ニコス・スボロノス（西村六郎・訳）『近代ギリシア史』白水社、1988年
桜井万里子『いまに生きる古代ギリシア』［NHKカルチャーアワー歴史再発見］日本放送出版協会、2007年

Winterer, Caroline. *The Culture of Classicism: Ancient Greece and Rome in American Intellectual Life, 1780-1910.* Baltimore; London: John Hopkins University Press, 2002.

Woodhouse, C. M. *The Rise and Fall of the Greek Colonels.* London; New York: Granada, 1985.

____. *Modern Greece: A Short History,* 5th ed. London; Boston: Faber and Faber, 1991.

____. *The Struggle for Greece, 1941-1949:With a New Introduction.* London: Hurst, 2002.

Xanthopoulou-Kyriakou, Artemi. "The Migration of Pontic Greeks from the Russian Caucasus to Macedonia (1912-1914)." *Balkan Studies* 37, no. 2 (1996): 271-288.

Xydis, Stephen G. "Coups and Countercoups in Greece, 1967-1973." *Political Science Quarterly,* 89, no.3 (1974): 507-538.

Ασπρέας, Γεώργιος Κ. *Πολιτική Ιστορία της Νεωτέρας Ελλάδος 1821-1928.* Αθήνα: Ιωάννης Ν. Σιδέρης, 1930, 3 τόμοι.

Βεργέτη, Μαρία. *Από τον Πόντο στην Ελλάδα. Διαδικασίες Διαμόρφωσης μιας Εθνοτοπικής Ταυτότητας.* Θεσσαλονίκη: Εκδοτικός Οίκος Αδελφών Κυριακίδη, 1994.

Δελτηλής, Γ. Β. *Ιστορία του Ελληνικού Κράτους 1830-1920,* τρίτη έκδοση. Αθήνα: Εστία, 2005, 2 τόμοι.

Δημαράς, Κ. Τ. *Κ. Παπαρρηγόρουλος.* Αθήνα: Μορfωτικό 'Idρυμα Εθνικής Τραπέζης, 1986.

Ζαπάντης, Ανδρέας Η. *'Ελληνο-Σοβιετικές Σχέσεις 1917-1897.* Αθήνα: Εστία, 1989.

Ιστορία του Ελληνικού 'Εθνους. Αθήνα: Εκδοτική Αθηνών, 1977-2000, τόμοι 11-16.

Καρδάσης, Βασίλης. *'Ελληνες Ομογενείς στην Νότια Ρωσία 1775-1861.* Αθήνα: Αλεξάνδρεια, 1998.

Κολιόπουλος, Γιάννης. *Ιστορία της Ελλάδος* από *το 1800,* 2 τεύχοι. Θεσσαλονίκη: Εκδόσεις Βάνιας, 2000.

Λιακός, Αντώνης. *Η Ιταλική Ενοποίηση και η Μεγάλη Ιδέα.* Αθήνα: Θεμέλιο, 1981.

Μακρυγιάννης, Ιωάννης. *Απομνημονεύματα.* Αθήνα: Εκδόσεις ΩΡΟΡΑ, 1992.

Μαργαρίτης, Γιώργος. *Ιστορία του Ελληνικού Εμφυλίου Πολέμου 1946-1949.* Αθήνα: Βιβλιόραμα, 1998, 2 τόμοι.

Pohl, J. Otto. "The Dispersal of the Crimean and Black Sea Greeks." *Journal of the Hellenic Diaspora* 22, no. 2 (1996):101-110.

Politis, Linos. *A History of Modern Greek Literature.* New York: Oxford University Press, 1973.

Ricks, David and Paul Magdalino, eds. *Byzantium and the Modern Greek Identity.* Aldershot, Hampshire; Brookfield, VT: Variorum, 1998.

Saloutos, Theodore. "Causes and Patterns of Greek Immigration to the United States." *Perspectives in American History* 7(1973): 381-437.

Sarafis, Marion and Martin Eve, eds. *Background to Contemporary Greece.* London: Merlin Press, 1990.

Smith, Michael Llewellyn. *Ionian Vision: Greece in Asia Minor, 1919-1922: With a New Introduction.* Ann Arbor: The University of Michigan Press, 2000.

Speake, Graham, ed. *Encyclopedia of Greece and the Hellenic Tradition.* London; Chicago: Fitzroy Dearborn, 2000, 2 vols.

Spencer, Terence. *Fair Greece Sad Relic: Literary Philhellenism from Shakespeare to Byron.* London: Weidenfeld & Nicolson, 1954.

Tatsios, Theodore George. *The Megali Idea and the Greek-Turkish War of 1897: The Impact of the Cretan Problem on Greek Irredentism, 1866-1897.* New York: Columbia University Press, 1984.

Toynbee, Arnold. *The Greeks and Their Heritages.* Oxford; New York: Oxford University Press, 1981.

Tsoucalas, Constantine. *The Greek Tragedy.* Baltimore: Penguin Books, 1969.

Tuckerman, Charles K. *The Greeks of To-Day.* New York: G.P. Putnam's Sons, 1878.

Van Steen, Gonda A. H. *Venom in Verse: Aristophanes in Modern Greece.* Princeton: Princeton University Press, 2000.

Varnava, Andrekos and Hubert Faustmann, eds. *Reunifying Cyprus: The Annan Plan and Beyond.* London; New York: I. B. Tauris, 2009.

Voglis, Polymeris. *Becoming a Subject: Political Prisoners during the Greek Civil War.* New York: Berghahn Books, 2002.

White, William, ed. *Ernest Hemingway: Dateline, Toronto: The Complete Toronto Star Dispatches, 1920-1924.* New York: Charles Scribner's Sons, 1985.

Kontogiorgi, Elisabeth. *Population Exchange in Greek Macedonia: The Rural Settlement of Refugees, 1922-1930.* Oxford: Clarendon Press, 2006.

Koulouri, Christina, ed. *Clio in the Balkans: The Politics of History Education.* Thessaloniki: Center for Reconciliation in Southeast Europe, 2002.

Mackridge, Peter. *Language and National Identity in Greece, 1766-1976.* New York: Oxford University Press, 2009.

Mallinson, William. *Cyprus: A Modern History.* London; New York: I. B. Tauris, 2005.

Mavrogordatos, George Th. *Stillborn Republic: Social Coalitions and Party Strategies in Greece, 1922-1936.* Berkeley: University of California Press, 1983.

Mayes, Stanley. *Makarios: A Biography.* London: Macmillan Press, 1981.

Mazower, Mark. "The Messiah and the Bourgeoisie: Venizelos and Politics in Greece, 1909-1912." *The Historical Journal* 35, no.4 (1992): 885-904.

____. *Inside Hitler's Greece: The Experience of Occupation, 1941-44.* New Haven; London: Yale University Press, 1993.

____, ed. *After the War Was Over: Reconstructing the Family, Nation and State in Greece, 1943-1960.* Princeton: Princeton University Press, 2000.

____. *Salonica, City of ghosts: Christians, Muslims, and Jews, 1430-1950.* London: HarperCollins, 2004.

____. "Greeks vs Germans."
http://www.newstatesman.com/europe/2011/12/greece-germany-war-essay-greek

Miller, William. *Greek Life in Town and Country.* London: George Newnes, 1905.

Moskos, Charles C. *Greek Americans: Struggle and Success,* 2nd ed. New Brunswick U.S.A.; London: Transaction Publishers, 2009.

Papacosma, S. Victor. *The Military in Greek Politics: The 1909 Coup d'État.* Kent, OH: Kent State University Press, 1977.

Pentzopoulos, Dimitri. *The Balkan Exchange of Minorities and Its Impact on Greece.* London: Hurst, 2002.

Petropoulos, John Anthony. *Politics and Statecraft in the Kingdom of Greece, 1833-1843.* Princeton: Princeton University Press, 1968.

Finefrock, Michael M. "Ataturk, Lloyd George and the Megali Idea: Cause and Consequence of the Greek Plan to Seize Constantinople from the Allies, June-August 1922." *The Journal of Modern History* 52, no.1 (Mar., 1980):D1047-D1066.

Fairchild, Henry Pratt. *Greek Immigration to the United States.* New Haven: Yale University Press, 1911.

Fleming, K. E. *Greece: A Jewish History.* Princeton: Princeton University Press, 2008.

Gourgouris, Stathis. *Dream Nation: Enlightenment, Colonization and the Institution of Modern Greece.* Stanford: Stanford University Press, 1996.

Hamilakis, Yannis. "Stories from Exile: Fragments from the Cultural Biography of the Parthenon (or 'Elgin') Marbles." *World Archaeology* 31, no. 2 (1999): 303-320.

____. *The Nation and Its Ruins: Antiquity, Archaeology, and National Imagination in Greece.* Oxford; New York: Oxford University Press, 2007.

Herz, John H., ed. *From Dictatorship to Democracy: Coping with the Legacies of Authoritarianism and Totalitarianism.* Westport, CT; London: Greenwood Press, 1982.

Hirschon, Renee, ed. *Crossing the Aegean: An Appraisal of the 1923 Compulsory Population Exchange Between Greece and Turkey.* New York: Berghahn Books, 2003.

Hitchens, Christopher. *Hostage to History: Cyprus from the Ottomans to Kissinger.* London; New York: Verso 1997.

Journal of Refugee Studies 4, no.4 (1991). [A Special Issue on the Pontic Greeks]

Kazantzakis, Nikos. *Report to Greco.* New York: Simon and Schuster, 1965.

Kitromilides, Paschalis M., ed. *Eleftherios Venizelos: The Trials of Statesmanship.* Edinburgh: Edinburgh University Press, 2006.

Koliopoulos, John S. *Brigands with a Cause: Brigandage and Irredentism in Modern Greece, 1821-1912.* Oxford: Clarendon Press, 1987.

Koliopoulos, John S., and Thanos M. Veremis. *Greece: The Modern Sequel: From 1831 to the Present.* New York: New York University Press, 2002.

____. *Modern Greece: A History since 1821.* Malden, MA : Wiley-Blackwell, 2010.

Paris: CNRS, 1998.
Calotychos, Vangelis, ed. *Cyprus and Its People: Nation, Identity, and Experience in an Unimaginable Community, 1955-1997.* Boulder, CO: Westview Press, 1998.
Campbell, John and Philip Sherrard. *Modern Greece.* London: Ernest Benn, 1968.
Carabott, Philip. "Politics, Orthodoxy and the Language Question in Greece: The Gospel Riots of November 1901." *Journal of Mediterranean Studies* 3, no.1 (1993): 117-138.
Christidis, A. -F., ed. *A History of Ancient Greek from the Beginnings to Late Antiquity.* Cambridge; New York: Cambridge University Press, 2001.
Clair, William St. *Lord Elgin and the Marbles.* London: Oxford University Press, 1967.
____. *That Greece Might Still Be Free: The Philhellenes in the War of Independence,* new ed. Cambridge: Open Book Publishers, 2008.
Clogg, Richard, ed. *The Movement for Greek Independence 1770-1821: A Collection of Documents.* London: Macmillan , 1976.
____, ed. *The Greek Diaspora in the Twentieth Century.* London: Macmillan Press, 1999.
____. *A Concise of History of Greece,* 2nd ed. Cambridge; New York: Cambridge University Press, 2002.
Close, David H., ed. *The Greek Civil War, 1943-1950: Studies of Polarization.* London; New York: Routledge, 1993.
____. *Greece since 1945.* London; New York: Longman, 2002.
Constantinidis, Stratos E. "Classical Greek Drama in Modern Greece: Mission and Money." *Journal of Modern Greek Studies* 5, no.1: 15-32.
Constas, Dimitri and Theofanis G. Stavrou, eds. *Greece Prepares for the Twenty-First Century.* Washington D.C.: The Woodrow Wilson Center Press, 1995.
Dakin, Douglas. *The Unification of Greece, 1770-1923.* London: Benn, 1972.
____. *The Greek Struggle for Independence, 1821-1833.* London: B.T. Batsford, 1973.
Dimaras, C. Th. *History of Modern Greek Literature.* Albany: State University of New York Press, 1972.
Gallant, Thomas W. *Modern Greece.* London: Arnold, 2001.

主要参考文献

〈外国語文献〉

About, Edmond. *Greece and the Greeks of the Present Day.* Edinburgh: Thomas Constable, 1855.

Alastos, Doros. *Venizelos: Patriot, Statesman, Revolutionary.* London: Percy Lund Humphries, 1942.

Alexiou, M. *After Antiquity: Greek Language, Myth and Metaphor.* Ithaca; London: Cornell University Press, 2002.

Anagnostu, Georgios. "Negotiating Identity, Connecting Through Culture: Hellenism and Neohellenism in Greek America." PhD diss., The Ohio State University, 1999.

Attalides, Michael A., ed. *Cyprus Reviewed.* Nicosia: The Jus Cypri Association, 1977.

Augustinos, Gerasimos. *Consciousness and History: Nationalist Critics of Greek Society, 1897-1914.* New York: Columbia University Press, 1977.

Augustinos, Olga. *French Odysseys: Greece in French Travel Literature from the Renaissance to the Romantic Era.* Baltimore: John Hopkins University Press, 1994.

Bastéa, Eleni. *The Creation of Modern Athens: Planning and the Myth.* Cambridge; New York: Cambridge University Press, 2000.

Beard, Mary. *The Parthenon,* revised ed. Cambridge, MA: Harvard University Press, 2010.

Beaton, Roderick. *An Introduction to Modern Greek Literature.* New York: Oxford University Press, 1994.

Beaton, Roderick and David Ricks, eds. *The Making of Modern Greece: Nationalism, Romanticism, and the Uses of the Past (1797-1896).* Farnham, U.K.; Burlington, VT: Ashgate, 2009.

Bien, Peter. *Kazantzakis and the Linguistic Revolution in Greek Literature.* Princeton: Princeton University Press, 1972.

Brown, Keith B. and Yannis Hamilakis, eds. *The Usable Past: Greek Metahistories.* Lanham, MD: Lexington Books, 2003.

Browning, Robert. *Medieval and Modern Greek.* London: Hutchinson University Library, 1969.

Bruneau, Michel, ed. *Les Grecs pontiques: Diaspora, identite, territoires.*

村田奈々子（むらた・ななこ）

1968（昭和43）年，青森県生まれ．東京大学文学部西洋史学科卒業．同大学院総合文化研究科博士課程単位取得退学．ニューヨーク大学大学院歴史学科博士課程修了．PhD．現在，法政大学非常勤講師．
著書『ギリシアを知る事典』（共著，東京堂出版，2000年），『ギリシア語のかたち』（白水社，2004年）ほか

物語《ものがたり》 近現代《きんげんだい》ギリシャの歴史《れきし》
中公新書 *2152*

2012年2月25日発行

著　者　村田奈々子
発行者　小林敬和

本文印刷　暁印刷
カバー印刷　大熊整美堂
製　　本　小泉製本

発行所　中央公論新社
〒104-8320
東京都中央区京橋 2-8-7
電話　販売 03-3563-1431
　　　編集 03-3563-3668
URL http://www.chuko.co.jp/

定価はカバーに表示してあります．
落丁本・乱丁本はお手数ですが小社販売部宛にお送りください．送料小社負担にてお取り替えいたします．

本書の無断複製（コピー）は著作権法上での例外を除き禁じられています．また，代行業者等に依頼してスキャンやデジタル化することは，たとえ個人や家庭内の利用を目的とする場合でも著作権法違反です．

©2012 Nanako MURATA
Published by CHUOKORON-SHINSHA, INC.
Printed in Japan　ISBN978-4-12-102152-6 C1222

中公新書

世界史

e2

2050 新・現代歴史学の名著 樺山紘一編著
1045 物語 イタリアの歴史 藤沢道郎
1771 物語 イタリアの歴史 II 藤沢道郎
1100 皇帝たちの都ローマ 青柳正規
1635 物語 スペインの歴史 岩根圀和
1750 物語 スペインの歴史 人物篇 岩根圀和
1564 物語 カタルーニャの歴史 田澤 耕
138 ジャンヌ・ダルク 村松 剛
1963 物語 フランス革命 安達正勝
2027 物語 ストラスブールの歴史 内田日出海
1916 ヴィクトリア女王 君塚直隆
1801 物語 大英博物館 出口保夫
1215 物語 アイルランドの歴史 波多野裕造
1546 物語 スイスの歴史 森田安一
1420 物語 ドイツの歴史 阿部謹也

1838 物語 チェコの歴史 薩摩秀登
1131 物語 北欧の歴史 武田龍夫
1758 物語 バルト三国の歴史 志摩園子
1655 物語 ウクライナの歴史 黒川祐次
1474 バルチック艦隊 大江志乃夫
1042 物語 アメリカの歴史 猿谷 要
1437 物語 ラテン・アメリカの歴史 増田義郎
1935 物語 メキシコの歴史 大垣貴志郎
1964 黄金郷《エルドラド》伝説 山田篤美
1547 物語 オーストラリアの歴史 竹田いさみ
1644 ハワイの歴史と文化 矢口祐人
518 刑吏の社会史 阿部謹也
2152 物語 近現代ギリシャの歴史 村田奈々子